진리 안에서 자유함을 누리세요.

120가지 질문

성경 속에 답이 있다

이정기 지음

쿰란출판사

서문

진리 안에서 자유를 얻으라!

사람들은 문제를 만나면 대부분 두 가지 반응을 보입니다. 문제를 피해 벗어나려고 하거나, 문제에 직면해 해결하려고 합니다. 문제를 피해 벗어나려고 하면 처음에는 편안해질 수 있지만 문제는 사라지지 않습니다. 그러나 문제를 해결하려고 하면 처음에는 힘들 수 있지만 해결된 문제는 사라집니다. 문제가 해결될 때마다 새로운 답을 얻게 됩니다. 그러므로 문제를 피해서는 안 됩니다. 문제 속에 숨어 있는 답을 찾아야 합니다. 베드로는 닭 울음소리를 듣고 심히 통곡하며 회개하고 위대한 사도가 되었습니다. 가룟 유다는 예수님을 판 것을 후회하고 목매어 죽었습니다. 문제를 잘 풀어야 합니다.

모든 문제에는 답이 있습니다. 모든 문제에는 하나님의 뜻이 있습니다. 그리고 문제를 쉽게 푸는 공식이 있습니다. 어떻게 문제를 풀어 가느냐에 따라 인생의 성패가 좌우됩니다.

성경은 하나님 말씀으로 죄인이 회개하고 구원에 이를 수 있는 길을 보여주는 계시입니다. 사람이 하나님의 자녀답게 살아가는 법, 올바르게 살아가는 법을 가르쳐 줍니다. 성경은 과학 교과서가 아닙니다. 돈을 많이 버는 법을 가르쳐 주기 위한 책도 아닙니다. 그러나 성경 속에 과학이 있습니다. 돈을 많이 버는 방법도 있습니다. 성경 속에 우리 인생이 목마르게 찾는 '답'이 있습니다. 이것을 성경에서는 '지혜와 지식'이라고 부릅니다.

때때로 우리는 길을 잃어버리고 엉킨 실타래처럼 혼돈 가운데 빠질 때도 있습니다. 이럴 때 우리가 해야 할 일은 엉킨 실타래 속에서 '말씀의 실마리'를 찾는 것입니다. 실마리를 찾아 하나하나 풀기 시작하면 인생이 풀려 갑니다. 그러면서 성장합니다. 성장하면서 열매를 맺습니다. 진리 안에서 자유함을 얻으시고 하나님이 기뻐하시는 삶, 하나님으로 인하여 기뻐하는 삶 사시기를 축복합니다.

2024년 7월 23일

이정기 목사

목차

» 부부

» 자녀

» 경건의 삶

» 신앙 고민

03. 교회생활

» 교회

» 직분

» 전도

» 예배

» 헌금

» 공동체

» 선교

04. 사회생활

01

가정 생활

가정

1. **하나님보다 더 사랑하는 것이 있으면 우상이라고 말씀하셨는데, 남편과 아이들을 우선시하게 됩니다. 가족을 너무 많이 사랑하는 것이 죄가 될까요?**

사랑하는 가족을 우선시하는 것은 자연스럽고 중요한 일입니다. 그러나 성경에서는 하나님을 가장 우선시하는 것이 우리 신앙의 기본임을 강조합니다. 가족을 사랑하는 것이 죄가 되지는 않지만, 하나님보다 더 사랑하는 것이 우상이 될 수 있습니다. 남편도 자식도 사랑해야 합니다. 우선순위의 문제입니다. 하나님보다 자식이 앞서서 문제가 생기는 것입니다. 엘리 제사장의 경우 두 아들 홉니와 비느하스를 하나님보다 더 중히 여겼습니다. 사무엘상 2장 29절에 "네

아들들을 나보다 더 중히 여겨"라고 나와 있습니다. 그래서 결국 홉니와 비느하스는 하나님을 알지 못하는 불량자가 됩니다. 홉니와 비느하스로 인해 블레셋과의 전투에서 패하고 법궤까지 빼앗기는 수모를 겪게 됩니다. 그 비보를 들은 엘리는 의자에 앉아 있다가 고꾸라져 목뼈가 부러져 죽고, 며느리가 아이를 낳았는데 그 이름을 이가봇이라 짓고 죽습니다. 이가봇은 하나님의 영광이 이스라엘에서 떠났다는 뜻입니다. 결국, 자식을 하나님보다 더 중히 여긴 결과 민족적 어려움과 패망을 겪게 됩니다.

그런데 한나는 사무엘을 낳아 서원한 대로 하나님 앞에 자라게 합니다. 자식보다도 하나님이 우선이었습니다. 사무엘은 이스라엘 백성의 영적 회복을 가져오는 축복의 도구로 쓰임 받습니다. 자식도 사랑하고 남편도 사랑하되 하나님보다 더 사랑하면 우상이 됩니다. "마음을 다하고 뜻을 다하고 성품을 다하고 목숨을 다하여 주 너의 하나님을 사랑하라" 하셨으니 하나님을 먼저 많이 사랑하고, 그 사랑 힘입어 남편과 자식도 사랑하면 믿음과 축복도 계승되어 믿음의 명문 가문을 이루게 될 것입니다.

2. 제 친구 부모님께서 친구에게 달마도를 달게 하고 부적을 주신다고 해요. 친구는 가정불화를 일으키지 않기 위해 일단은 순종하는 모

습을 보여드린 다음 천천히 전도를 할 거라고 하네요. 순종도 중요하지만 이런 방법이 괜찮은 건가요?

부적을 연구하는 사람들이 불교신자 3,000명을 대상으로 조사했는데 2/3가 부적을 소유하고 있더랍니다. 부적은 석가모니의 가르침이 아닌데 한국 불교가 민간신앙을 받아들여 왜곡되게 만든 것입니다. 요즘은 달마도가 인기여서 달마도를 걸어두면 나쁜 액운들은 물러가고 집안의 수맥이 차단된다고 믿습니다. 이는 다 우상숭배입니다.

이스라엘 백성들이 망한 이유가 무엇입니까? 우상숭배였습니다. 하나님도 섬기고 우상도 섬겼습니다. 혼합종교였습니다. 하나님은 섞이는 것을 싫어하십니다. 그래서 여호수아가 백성들에게 이렇게 선포합니다. 여호수아 24장 15절에 "만일 여호와를 섬기는 것이 너희에게 좋지 않게 보이거든 너희 조상들이 강 저쪽에서 섬기던 신들이든지 또는 너희가 거주하는 땅에 있는 아모리 족속의 신들이든지 너희가 섬길 자를 오늘 택하라 오직 나와 내 집은 여호와를 섬기겠노라 하니" 너희가 섬길 자를 오늘 선택하라고 합니다.

부모에게 순종하는 것은 중요하지만, 하나님의 말씀을 따라야 합니다. 분명히 에베소서 6장 1절에 "주 안에서 순종하라"고 했습니다. 부모님의 기대와 하나님의 말씀 사이에서 균형을 찾는 것이 중요합니다. 부모님에게 신앙의 가치를 존중받을 수 있도록 지혜롭게 설명하고, 부적이나 달마도를 피할 수 있는 방법을 찾아보는 것이 좋겠습니다.

3. 제 친구 중 자영업을 하면서 슬하에 초등학생 둘을 둔 가장이 있습니다. 그런데 친구의 아내가 새벽기도, 수요예배, 금요 철야 등 예배는 물론이고 봉사할 일이 있으면 너무 열심이라 거의 매일 교회를 나간다 합니다. 그러다 보니 남편의 일을 돕기는커녕 아이들 뒷바라지도 잘 못해 제 친구가 너무 힘들어하고 있습니다. 이래도 되는 걸까요?

교회 와서 충성하고 봉사하고 일하는 것도 주의 일이지만 가정에서 아내로서 어머니로서의 역할을 충실히 감당하는 것도 주의 일입니다. 여호수아 1장 7절에 "…우로나 좌로나 치우치지 말라" 균형이라는 것이 중요합니다. 주의 일 중에서도 자녀 잘 키우는 일만큼 소중한 주의 일이 없다고 생각합니다. 내 자녀를 하나님의 형상을 닮은 주의 자녀로 키우게 되면 그 아이가 세상에 끼칠 영향력이 엄청나게 클 것이기 때문입니다.

아이 때는 어머니의 돌봄이 필요합니다. 그때 방치하면 안 됩니다. 항상 삶의 균형을 이루어야 합니다. 하나님이 하실 일과 내가 할 일을 잘 구분하면 좋겠습니다. 내가 열심히 충성하고 봉사하고 헌신하는 삶을 살면 하나님께서 자녀를 책임져 주시고 은혜 베풀어 주십니다. 그러나 그것은 하나님이 하시는 일이고, 내가 해야 할 일은 내가 해야 합니다. 부모로서 어머니로서 자녀를 잘 돌보고 양육하고 키워야 하는 일의 균형을 잘 이루어야 합니다. 아이를 잘 양육하는 일은 가장 중요한 주의 일입니다.

결혼

4. 같은 청년부 친구가 사귀는 사람과 결혼을 하고 싶어 하는데 상대가 비신자이기 때문에 집안의 반대가 심합니다. 친구는 결혼해서 전도하면 오히려 주님 앞에서 더 좋은 일일 것 같다고 생각하는데 어떻게 해야 할까요?

옛날 가전제품 광고 중 이런 멘트가 있었습니다. '순간의 선택이 10년을 좌우한다.' 그러나 배우자 선택은 평생을 좌우합니다. 그래서 더욱 신중해야 합니다. 이때는 어른들 말을 듣는 것이 지혜입니다. 고린도후서 6장 14-16절에 "너희는 믿지 않는 자와 멍에를 함께 메지 말라 의와 불법이 어찌 함께 하며 빛과 어둠이 어찌 사귀며 그리스도와 벨리알이 어찌 조화되며 믿는 자와 믿지 않는 자가 어찌 상관하며 하나님의 성전과 우상이 어찌 일치가 되리요" 의와 불법, 빛과 어둠, 그리스도와 벨리알, 성전과 우상이 조화될 수 없는 것처럼 믿지 않는 자와는 멍에를 같이 하지 말라고 주님이 말씀하십니다.

꼭 결혼해야겠다는 마음이 생기면 결혼 전에 예수님 믿게 만들고 세례 받게 하고 그 다음에 결혼하는 방법이 좋습니다. 결혼한 다음에 변화시키려는 것은 쉽지 않습니다. 솔로몬도 이방 여인을 사랑하여 우상숭배하게 되었으며, 아합 왕도 이세벨로 인해 이스라엘에 바알 우상, 아세라 우상, 우상 신학교까지 세웠고, 하나님과의 관계에 문제가 생겨 하늘문이 닫혀 삼 년 육 개월간 비가 오지 않는 일이 생겼습니다. 만남의 축복이 너무 중요합니다.

5. 저는 여러 가지 이유로 독신주의입니다. 배우자 없이 사는 것이 혹시 기독교인으로서 옳지 않은 일일까요?

창세기 2장 18절에 "여호와 하나님이 이르시되 사람이 혼자 사는 것이 좋지 아니하니 내가 그를 위하여 돕는 배필을 지으리라 하시니라" 결혼 제도는 하나님이 만드신 제도입니다. 하나님께서 사람을 지으신 후 가장 먼저 복을 주셨습니다. 창세기 1장 28절에 "하나님이 그들에게 복을 주시며 하나님이 그들에게 이르시되 생육하고 번성하여 땅에 충만하라." 기독교인들은 가능하면 결혼해서 자녀들을 많이 낳는 것이 바람직합니다. 그렇다고 독신으로 사는 것이 큰 문제가 되지는 않지만 분명한 목적이 있어야 합니다. 웨스트민스터 소요리문답 1문은 하나님을 영화롭게 하고 하나님을 인하여 기뻐하고 즐거워하는 삶이 인생의 목적이라 말합니다.

사도 바울도 "먹든지 마시든지 무엇을 하든지 다 하나님의 영광을 위해 하라"(고전 10:31)고 말합니다. 바울은 가는 곳마다 복음을 증거하는 삶을 살다 보니 한 곳에 머물러서 살 수 있는 상황이 아니었습니다. 결혼했다면 불가능한 일이었습니다. 그래서 바울은 주를 위해서 독신이 되었습니다. 주를 위해 살고 주를 위해 죽었습니다. 특별한 하나님의 사명, 계획이 있다면 주를 위하여 혼자 사는 것도 괜찮습니다. 그러나 그런 경우가 아니라면 결혼이라는 하나님이 세우신 제도를 통해 번성하는 축복을 누리면서 아내와 함께, 남편과 함께 행복하고 즐겁게 사는 것이 하나님이 원하시는 일입니다.

6. 혼전순결은 꼭 지켜야 하나요?

기독교는 교리적으로 혼전순결을 매우 강조합니다. 구약성경 율법 중에서는 혼전성교 자체를 죽을죄로 보아 돌로 치라는 내용도

나올 정도로 상당히 부정적으로 보았고, 하게 되면 두 남녀는 반드시 집안의 합의로 결혼하거나, 그렇지 못하면 남자가 반드시 여자에게 보상해야 한다고 적혀 있습니다(출 22:16-17). 신약시대에도 교회와 사도들의 가르침대로 혼전순결을 대단히 중요시하는 풍조가 확립되어 있었습니다.

히브리서 13장 4절에서는 "모든 사람은 결혼을 귀히 여기고 침소를 더럽히지 않게 하라 음행하는 자들과 간음하는 자들을 하나님이 심판하시리라", 데살로니가전서 4장 3-5절에서는 "하나님의 뜻은 이것이니 너희의 거룩함이라 곧 음란을 버리고 각각 거룩함과 존귀함으로 자기의 아내 대할 줄을 알고 하나님을 모르는 이방인과 같이 색욕을 좇지 말고"라고 기록합니다.

성경은 성적 순결을 중요시하며, 결혼 전 성관계를 피하라는 메시지를 담고 있습니다. 이는 하나님 앞에서 몸을 거룩하게 지키고, 결혼 관계를 존귀하게 여기는 태도를 가지라는 의미로 해석될 수 있습니다.

혼전순결을 선언한 유명인사

김태희: 독실한 천주교 신자라 종교적 이유로 2003년에 혼전순결을 선언하였다. 끝까지 혼전순결을 지켜냈다. **나얼:** 독실한 기독교인이다. 과거 그와 애인이었던 한혜진이 사귀는 동안 키스조차 한 적

이 없다고 인터뷰에서 밝혔다. **별:** 역시 종교적인 이유로 혼전순결을 선언하였다. 아버지가 거의 돌아가실 정도로 아프셨기에 결혼식 전 혼인신고를 먼저 하고 임신했다. 결국 아버지는 결혼식 전에 돌아가시고 사위인 하하가 상주 노릇을 다했다. **손준호:** 2011년 결혼 전까지 29년간 혼전순결을 지켰다고 고백했다. **카카:** 독실한 기독교인으로, 혼전순결을 지켰다고 한다. **비욘세:** 24세에 결혼하기 전까지 혼전순결을 지켰다고 한다. 혼전순결주의자인 친구들과 어울려 다녔던 것이 도움이 되었다고 한다. **저스틴 비버, 헤일리 비버:** 독실한 기독교 신자 부부로, 결혼 전까지는 혼전순결을 지켰다. 저스틴 비버는 헤일리와의 교제 이전까지는 혼전순결을 지키지 않았으나 헤일리의 종교적 신념을 지켜주기 위해 그녀와는 결혼 전까지 관계를 갖지 않았다.

부부

7. 결혼은 했지만 아이는 낳고 싶지 않다는 친구가 있습니다. 요즘 세태가 워낙 그렇긴 하지만 기독교인이 출산을 거부해도 되는 걸까요?

결혼한 분들 중에 딩크족이라고 있습니다. 딩크족은 정상적인 부부생활을 하면서 의도적으로 자녀를 갖지 않는 젊은 맞벌이 부부를 말합니다. 아이에게 구속당하지 않고 원하는 생활을 하겠다는 사람들입니다. 몸매가 망가지는 것들에 대한 염려로 출산을 거부하는 사람들입니다. DINK는 'Double Income, No Kids' 의 약칭입니다.

하나님께서 당신의 형상대로 남자와 여자를 만드시고 제일 처음

주신 것이 복이었습니다. 창세기 1장 28절에서는 "하나님이 그들에게 복을 주시며 하나님이 그들에게 이르시되 생육하고 번성하여 땅에 충만하라, 땅을 정복하라, 바다의 물고기와 하늘의 새와 땅에 움직이는 모든 생물을 다스리라 하시니라"라고 말씀합니다. 하나님이 주신 복은 생육하고 번성하고 땅에 충만하게 되는 것이었습니다. 시편 127편 3절을 보면 "보라 자식들은 여호와의 기업이요 태의 열매는 그의 상급이로다"라고 합니다. 이처럼 자녀는 하나님의 축복입니다.

이슬람은 자식을 많이 낳아 세계를 이슬람화하려고 합니다. 이런 시대에 우리 기독교인들은 생육하고 번성하라는 축복을 사명으로 알고 많이 낳아야 합니다. 자녀는 하나님의 기업입니다. 열매입니다. 많이 낳으셔서 훌륭하게 키우면 그 자녀가 하나님의 뜻을 이루고 미래를 책임지는 복된 자녀들이 될 것입니다.

8. 선교의 사명을 받았는데 배우자가 심하게 반대해요. 기도를 하고 설득해도 도무지 받아들이지 않아서 이혼 위기에 있는데, 이혼을 하고 사명을 따르려고 합니다. 성경적으로는 어떤가요? 옳은 선택일까요?

신명기 24장 1절에 "사람이 아내를 맞이하여 데려온 후에 그에게 수치되는 일이 있음을 발견하고 그를 기뻐하지 아니하면 이혼 증서를 써서 그의 손에 주고 그를 자기 집에서 내보낼 것이요"라고 이혼이 허락되어 있습니다. 그러나 마태복음 19장 8절에서는 "예수께서 이르시되 모세가 너희 마음의 완악함 때문에 아내 버림을 허락하였거니와 본래는 그렇지 아니하니라"라고 합니다. 법이 없다면 약육강식 사회가 되고 말 것입니다. 법이 생긴 목적은 약자를 보호하기 위함이었습니다. 신명기에서 모세를 통해 이혼이 허락된 것은 당시 약자였던 여성들을 보호하기 위한 하나님의 방법이었습니다. 그러나 마태복음 19장 6절에 "그런즉 이제 둘이 아니요 한 몸이니 그러므로 하나님이 짝지어 주신 것을 사람이 나누지 못할지니라 하시니", 말라기 2장 16절에 "이스라엘의 하나님 여호와가 이르노니 나는 이혼하는 것과 옷으로 학대를 가리는 자를 미워하노라…"와 같은 말씀처럼 이혼하는 것은 하나님이 미워하십니다.

선교에 대한 사명을 받으셨다면 그것을 행하게 하시는 분도 하나님이십니다. 배우자가 반대한다고 이혼을 불사하겠다는 것은 하나님이 절대 원치 않으시는 일입니다. 하나님이 내게 선교의 사명을 주셨으니 배우자의 마음을 바꾸어 달라 기도하셔야 합니다. 하나님의 때가 있습니다. 배우자가 동의해 줄 때까지 기다려야 합니다.

9. 도무지 대화가 되지 않는 남편과의 사랑을 회복하려면 어떻게 해야 할까요?

부부 관계는 개인의 행복뿐만 아니라 가족과 사회 전체의 건강과 안정에 중요한 역할을 합니다. 부부 관계는 단순히 두 사람이 함께 사는 것 이상을 의미합니다. 이는 정서적, 심리적, 영적, 경제적, 사회적으로 깊은 영향을 미치는 중요한 관계입니다. 이는 자녀들에게 중요한 롤 모델이 되어 건강한 인간관계를 배우게 합니다. 행복한 결혼 생활을 하는 사람들은 그렇지 않은 사람들보다 더 오래 살고 건강한 삶을 유지합니다. 부부의 대화는 건강하고 행복한 결혼 생활의 중요한 요소입니다. 대화가 단절되면 관계도 단절됩니다. 부부는 한 몸입니다. 돕는 배필로 살아야 합니다. 상대방을 고치고 변화시키려고 하는 순간 싸움으로 발전하게 됩니다.

부부가 서로 대화할 때 주의할 점이 있습니다. 상대방이 말할 때 집중해서 듣고, 상대방의 감정과 관점을 이해하고 공감하려고 노력해야 합니다. '그렇군요. 그게 정말 힘들었겠어요'와 같은 공감의 표현을 해야 합니다. 자신의 생각과 느낌을 명확하고 구체적으로 표현해야 합니다. 상대방의 좋은 점을 칭찬하고, 감사 표현을 자주 해야 합니다. 비난보다는 해결책을 찾는 데 초점을 맞추어야 합니다. 손을 잡거나 어깨를 토닥이는 등 신체 접촉을 통해 사랑과 지지를 표현해야 합니다. 상대방의 생각과 감정을 존중하며, 언성을 높이지 말아야 합니다. 들어주려고 힘써야 합니다. 함께 기도하며 하나님의 말씀을 중심으로 대화하고 말씀에 순종하는 삶을 살려고 힘써야 합니다. 이러한 노력은 부부 관계를 더욱 강화하고, 행복한 결혼 생활을 유지하는 데 큰 도움이 될 것입니다.

10. 비신자인 남편과 시부모님의 핍박이 심하여 신앙생활에 어려움이 많습니다. 하나님은 왜 핍박을 받게 내버려두실까요?

핍박에는 두 가지 이유가 있습니다. ① 사단이 구원받지 못하게 방해하는 것입니다. ② 하나님이 허락하시는 것입니다. 하나님이 주시는 것은 다 좋은 것입니다. 왜 예루살렘 교회에 핍박을 허락하셨습니까? 성령을 부어 주신 목적이 땅끝까지 증인이 되라고 주셨는데, 흩어지지 않으니까 핍박을 통하여 흩어지게 하신 것입니다. 흩어진 사람들이 가는 곳마다 복음을 전합니다. 사도행전 8장을 읽어 보면 놀라운 사실을 발견하게 됩니다. 초대교회 성도 중에 박해 때문에 예수님을 부인한 사람이 한 사람도 없었다는 것입니다. 만약 박해로 인하여 예수님을 부인한 사람이 있었다면 성경은 분명 그 일을 기록했을 것입니다. 초대교회 성도들은 예수님을 위해서 모든 것을 버릴 수 있는 사람들이었습니다. 예수님을 위해서라면 감옥에라도 들어갈 수 있는 사람들이었습니다. 정말 예수님을 사랑했던 사람들이었습니다. 핍박과 고난은 신앙을 시험하고 성장하게 합니다. 야고보서 1장 2-3절에 “내 형제들아 너희가 여러 가지 시험을 당하거든 온전히 기쁘게 여기라 이는 너희 믿음의 시련이 인내를 만들어 내는 줄 너희가 앎이라”라고 말씀합니다.

마태복음 5장 10-12절에 “의를 위하여 박해를 받은 자는 복이 있나니 천국이 그들의 것임이라 나로 말미암아 너희를 욕하고 박해하고 거짓으로 너희를 거슬러 모든 악한 말을 할 때에는 너희에게 복이 있나니 기뻐하고 즐거워하라 하늘에서 너희의 상이 큼이라 너희 전에 있던 선지자들도 이같이 박해하였느니라”라며 의를 위하여 박해 받는 자는 복이 있다고 하십니다. 하늘에서 상이 크다고 하십니다. 마태복음 5장 44절에 “나는 너희에게 이르노니 너희 원수를 사랑하며 너희를 박해하는 자를 위하여 기도하라” 원수를 사랑하며 박해하는 자를 위하여 기도하라고 하십니다. 하나님은 모든 것을 합력하여 선을 이루시는 분이심을 믿고, 고난 속에서도 그분의 사랑과 인도하심을 신뢰하십시오.

자녀

11. 제 친구의 어머니께서는 아들을 주의 종으로 만들겠다고 서원기도를 드린 후에 제 친구를 낳으셨다고 해요. 그런데 친구는 따로 원하는 길이 있고 목회자의 비전을 가지고 있지 않아요. 어떻게 해야 할까요?

그 친구 고민이 되겠네요. 그런데 고민해야 합니다. 한나도 서원기도하고 사무엘을 낳았습니다. 그 후 서원을 지킵니다. 처음부터 목회자의 비전을 가지고 그 길을 가는 사람은 그리 많지 않습니다. 하나님이 강권하셔서 가게 만드신 것이지요. 하나님께 신중히 물으셔야 합니다. 본인이 응답을 받으십시오. 내 생각, 내 계획 다 내려놓고 하나님의 뜻이면 순종하겠다고 기도하면 반드시 응답해 주십니다.

목회자의 길은 어머니가 서원했다고 무조건 가면 안 됩니다. 확실한 응답을 받고 소명을 가지고 가야 합니다. 목회자의 비전이 없다고요. 그 비전도 하나님이 주십니다. 하나님은 우리의 마음에 소원을 두고 행하시는 분입니다. "너희 안에서 행하시는 이는 하나님이시니 자기의 기쁘신 뜻을 위하여 너희에게 소원을 두고 행하게 하시나니" (빌 2:13).

12. 아기 때문에 온전히 예배드리기가 너무 힘들어요. 그러다 보니 영적으로도 많이 힘들어요. 어떻게 하면 좋을까요?

아기를 키우는 많은 부모들이 겪는 일반적인 어려움입니다. 대부분의 교회는 부모가 아기와 함께 있을 수 있는 유아실을 제공하며, 이곳에서 예배를 드릴 수 있습니다. 그런데 아기를 살피다 보면 예배에 집중하기가 쉽지 않습니다. 그래서 영적으로 침체되는 경우가 많이 있습니다.

몇 가지 방법을 통해 균형을 찾고 영적인 회복을 도모할 수 있습니다. 부부가 함께 예배를 드릴 경우, 한 명이 예배를 드리는 동안 다른 한 명이 아기를 돌보고, 다음 시간에 교대하는 방법이 있습니다. 아기가 잠들어 있는 시간에 교회에서 제공하는 설교 영상을 들으세요. 말씀에 집중할 수 있습니다. 하루 중 짧은 시간이라도 기도하는 습관을 들여보세요. 매일 일정 분량의 성경을 읽는 계획을 세워보세요. 하루에 한 구절이라도 묵상하는 것이 중요합니다. 집안일을 하거나 아기를 돌보는 중에 찬양과 경배 음악을 들어보세요. 마음을 안정시키고 하나님과의 연결을 유지하는 데 도움이 됩니다.

교회 내에 있는 소그룹 모임에 참여해 보세요. 다른 사람들과 함께 신앙을 나누는 것이 큰 힘이 될 수 있습니다. 신앙생활에 도움을 줄 수 있는 멘토나 상담자를 찾아보세요. 영적 지침을 받고 격려를 받을 수 있습니다. 하나님과 영적 교제를 통해 하나님께서 공급하시는 은혜와 지혜를 얻어야 하루하루의 삶을 행복하게 지낼 수 있고, 자녀 양육도 잘 할 수 있습니다. 하나님은 당신의 상황을 이해하고 계시며 언제나 당신 곁에 계십니다.

13. 가정 예배를 드리는데 사춘기 아들이 말씀 나누는 시간에 입을 떼지 않습니다. 아이를 재촉하다 보면 결국 남편과 제가 화를 내게 되고 아이는 더욱 위축되어 예배가 엉망이 됩니다. 어떻게 해야 아이가 예배에 기쁜 마음으로 적극적으로 참여할 수 있도록 도울 수 있을까요?

예배에 참석하는 것만으로도 최선을 다하는 것으로 생각하고 기다려 주어야 합니다. 그 시기에 아이들은 잘못 건드리면 어디로 튈지 모릅니다. 자녀와 좋은 관계를 유지하는 것이 중요합니다. 아무리 훌륭한 진리라 할지라도 좋은 관계가 형성되지 못하면 그 진리가 바르게 전달될 수 없습니다. 혹시라도 자녀를 인격적으로 대하지 못하는 등 부모가 잘못한 경우가 있다면 사과하고 용서를 구할 줄도 알아야 합니다.

예배 후에 아들과 대화하며 그의 생각과 느낌을 물어보십시오. 그의 생각을 존중하고, 개선할 수 있는 점을 함께 논의하십시오. 예배 시간을 짧고 흥미롭게 구성해 보십시오. 찬양이나 기도 시간을 늘리고, 다양한 방식으로 말씀을 나눠 보십시오. 아들이 관심을 가질 수 있는 주제를 선택해 보십시오. 아들에게 예배에서 작은 역할을 맡겨 보십시오.

예를 들어, 찬양을 선곡하거나 기도문을 준비하게 하는 등 참여를 유도하십시오. 아들이 예배에 참여했을 때 칭찬과 격려를 해주십시오. 아들의 변화를 위한 인내심을 가지고 꾸준히 기도하십시오. 하나님의 도우심을 구하고, 아들이 하나님과의 관계를 스스로 발견하도록 인도하십시오. 이런 접근을 통해 아들이 가정 예배에 점차 익숙해지고, 기쁜 마음으로 참여할 수 있도록 도울 수 있습니다.

14. 저는 중학교 아이를 둔 40대 가장입니다. 아이에게 지금껏 해준 말이 '열심히 공부해서 훌륭한 일을 하는 사람이 되라'는 것뿐이었습니다. 부모로서 아이를 훌륭한 신앙인으로 크도록 도우려면 평소에 어떻게 조언해야 할까요?

대부분의 사람들이 아이를 훌륭하게 키우려 합니다. 그러나 공부를 열심히 하고 잘한다고 훌륭한 사람이 되는 것은 아닙니다. 그러나 훌륭한 신앙인으로 키우면 반드시 훌륭한 사람이 됩니다. 훌륭한 신앙인이 되려면 먼저 하나님을 진심으로 만나야 합니다. 그러면 말씀 안에서 자라고, 무엇을 하든지 하나님의 영광을 위해 살게 됩니다. 부모가 할 수 있는 일은 제한적입니다. 대신 공부해 줄 수 없고 대신 살아 줄 수 없습니다.

예수님께서는 제자들에게 '나를 따르라' 말씀하셨고, 바울도 "내가 그리스도를 본받는 자가 된 것 같이 너희는 나를 본받는 자가 되라"고 했습니다(고전 11:1). '어떻게 하라'고 하는 것보다 부모의 삶을 보여 주는 것이 중요합니다. 규칙적인 기도와 성경 공부, 교회 참석 등을 통해 신앙을 실천하는 모습을 보여 주세요. 기도하는 습관을 길러 주세요. 교회의 청소년 부서나 어린이 부서에 참여하도록 권장해 주세요. 부모의 신앙 경험을 아이들과 공유해 주세요. 어떻게 하나님이 일상 속에서 이끌어 주셨는지, 어떤 어려움을 극복했는지 등을 이야기함으로써 아이들이 하나님의 섭리를 이해하게 도와주세요. 자녀가 정직하게 진실하게 크도록 또한 남을 배려하고 하나님을 의식하며 사는 아이로 자라게 해주세요. 그러면 하나님 보시기에 아름다운 인격의 소유자가 될 것이며, 많은 사람들에게 유익을 주는 훌륭한 신앙의 자녀로 성장할 수 있을 것입니다.

15. 어린 자폐아들을 키우고 있는 주부입니다. 저희 아이와 기도를 많이 하지만 과연 이 아이가 하나님을 영접하고 구원 받을 수 있을지 고민이 됩니다. 어떻게 해야 할까요?

장애아를 둔 부모님들은 많은 힘듦과 고통이 있습니다. 그러나 견딜 수 있는 힘은 믿음입니다. 장애는 육신의 장애일 뿐이지 영혼은 보통 사람들보다 더 자유롭고 더 깨끗할 수 있습니다. 믿음은 환경도 이기게 하고 세상도 이기게 합니다. 믿음으로 극복하셔야 합니다. 믿음에는 포기가 없습니다. 믿음에는 기대만 있습니다. 하나님은 살아계신 하나님, 전능하신 하나님이시기에 능히 하고자 하시면 고칠 수 있는 분이시므로 포기하지 않고 아이의 건강을 위해 기도하는 것이 중요합니다. 또한 그리 아니하실지라도 감사하는 것을 잊지 않고, 기대하면서 기도해야 합니다.

마태복음 15장을 보면 귀신 들린 딸을 둔 가나안 여인이 예수님께 간청하는 기도가 있습니다. "주 다윗의 자손이여 나를 불쌍히 여기소서 내 딸이 흉악하게 귀신 들렸나이다"(마 15:22), "여자가 와서 예수께 절하며 이르되 주여 저를 도우소서"(마 15:25). 이에 예수님께서는 "네 믿음이 크도다 네 소원대로 되리라"(마 15:28)라고 말씀하셨습니다. 그 순간 딸이 깨끗하게 고침을 받았습니다. 어머니가 딸을 살린 것입니다.

부모의 기도만큼 자식을 위한 소중한 기도는 없습니다. 포기하지 마시고 하나님께서 건강 주시기를 기도하시고, 아이의 영혼까지도 하나님께 맡기고 기도하면 하나님께서 그 기도 들으시고 아이의 영혼까지 구원하실 것입니다.

16. 저는 교회학교 중등부에서 봉사하고 있습니다. 사춘기여서 그런 건지 아이들 중 너무 버릇이 없고 욕설 섞인 말을 하는 아이들이 있습니다. 엄하게 야단을 치면 교회에 나오지 않을까 봐 웃으면서 하지 말라는 말만 되풀이하고 있습니다. 어떻게 아이들을 가르쳐야 할까요?

사춘기 아이들의 문제는 단기간에 해결되는 문제가 아니며 장기간의 시간이 필요합니다. 그러한 아이일수록 사랑으로 다가가야 합니다. 에베소서 6장 4절에 "또 아비들아 너희 자녀를 노엽게 하지 말고 오직 주의 교훈과 훈계로 양육하라"고 했습니다. 아이들을 가르치면서 노엽게 하면 안 됩니다. 규칙과 기대를 명확히 전달하세요. 예를 들어 욕설은 용납되지 않으며, 서로를 존중하고 사랑하는 태도가 필요하다고 설명해 주세요. 아이들과의 대화를 통해 그들이 왜 그런 행동을 하는지 이해하고, 해결책을 찾는 것이 중요합니다.

상담학에 이런 말이 있습니다. '문제아는 없다 문제 어른이 있을 뿐이다.' 아이들과의 관계에 있어서 교사의 역할이 중요합니다. 한 사람의 운명을 바꾸어 줄 만큼 교사의 영향력은 대단합니다. 지도하면서 아이들에게 꼭 해주어야 할 말은 개인적으로 불러 단둘이 있는 자리에서 진솔하게 눈을 쳐다보며 해주어야 하며, 잔소리 후에는 반드시 사랑의 표현도 해주어야 합니다.

속 썩이는 아이일수록 먹을 것을 많이 사 주십시오. 선생님이 얼마나 인내하고 기다려 주느냐가 중요하고, 얼마나 기대하느냐가 중요합니다. 어른들은 바뀌기가 어렵지만 아이들은 조금만 노력하고 사랑을 쏟으면 놀라운 변화가 나타납니다. 아이들을 위해 기도하면서 사랑의 마음으로 다가가시고, 표현하시고, 영적으로 이끌어 주시면 아름다운 변화가 학생들에게 나타나게 될 것입니다. 또한 부모가 변하면 아이가 변합니다. 하나님은 어떤 사람도 변화시킬 수 있는 능력 있는 분이십니다.

17. 아이가 자꾸 아파서 응급실을 자주 갑니다. 아이를 위해 기도도 많이 하고 기독교인 어머니 교육 모임에 가서 말씀도 듣고 제 나름대로 열심히 하는데 주변의 비신자 아이들보다 약하고 앞서지 못하는 모습을 보면 속상하고 시험이 드는데 어떻게 해야 하나요?

시편 기자도, 하박국 선지자도 악인들은 잘되는데 의로운 사람들은 힘들고 어려운 상황에 있는 모습을 보면서 갈등합니다. 그리고 하나님 안에서 갈등의 문제를 해결합니다. 잠언 24장 19절에 "너는 행악자들로 말미암아 분을 품지 말며 악인의 형통함을 부러워하지 말라"라고 했습니다. 악인의 형통을 부러워하지 마십시오. 시편 1편 6절에 "무릇 의인들의 길은 여호와께서 인정하시나 악인들의 길은 망하리로다"라고 했습니다. 결국 의인은 하나님께 인정받지만 악인은 망합니다.

예수 믿는 사람들에게 환난이 면제된 것은 아닙니다. 그러나 승리는 보장되어 있습니다. 요한복음 16장 33절에 "세상에서는 너희가 환난을 당하나 담대하라 내가 세상을 이기었노라", 로마서 8장 28절에 “우리가 알거니와 하나님을 사랑하는 자 곧 그의 뜻대로 부르심을 입은 자들에게는 모든 것이 합력하여 선을 이루느니라”라고 말씀합니다. 살아가면서 무엇이 진정한 복인지를 생각해 보아야 합니다. 하나님과 가까워질 수 있는 것은 무엇이든지 복이며, 하나님과 멀어지게 하는 것은 물질의 축복, 성공이라 할지라도 화가 됩니다. 연약한 아이를 통해 하나님과 가까워졌다면 아이의 약함은 축복입니다. 일어난 사건보다 어떻게 반응하느냐가 중요합니다. 믿음으로 반응하면 다 복이 되게 만들어 주시는 분이 하나님이십니다.

히브리서 11장 1절에 “믿음은 바라는 것들의 실상이요 보이지 않는 것들의 증거니”, 마태복음 21장 22절에 “너희가 기도할 때에 무엇이든지 믿고 구하는 것은 다 받으리라”라고 말씀합니다. 믿음으로 아이가 건강하게 자라는 모습을 그리고, 믿고 기도하고, 마음껏 입술로 선포하면 우리 주님이 믿음의 말을 들으시고 말한 대로 행하실 것입니다. 기대하시고 축복하며 기도하면 시간이 흐른 후에 아이를 통해 하나님께 더 가까이 가게 만드셨고, 축복이 되게 만드셨고, 우리 아이를 복되고 건강하게 키우셨다고 하나님을 찬송하고 영광 돌릴 수 있는 날이 올 것입니다.

18. 아무것도 모르는 젖먹이 아이들이 유아세례를 받는데요. 본인의

믿음으로 받는 것이 아니라 부모의 믿음으로 받는 유아세례가 과연 무슨 의미가 있는지요?

신약 성경에는 예외 없이 '믿고'라는 단어 다음에 '세례를 받고' 라는 말씀이 나옵니다(막 16:16; 행 8:12, 18:8). 그러므로 세례는 개인적인 신앙이 고백된 후에 베풀어지는 것이 틀림없습니다. 세례는 예수 그리스도를 구주로 믿는 사람들에게 주어지는 징표입니다. 세례는 신앙고백이 있은 후에 주어지는데 아이가 무슨 신앙고백을 할 수 있냐며 행하지 않는 교회도 있고, 유아 세례식 대신 엘가나와 한나가 사무엘을 낳아 하나님께 드린 것처럼 헌아식을 하기도 합니다.

신약 성경에 유아세례에 대한 구체적인 실례는 없습니다. 그러나 유아세례를 주장하는 사람들은 사도행전 10장에 나오는 베드로가 고넬료 가정에 초청을 받아서 설교했을 때 그곳에 있는 모든 사람들이 성령을 받고 세례를 베풀게 되었는데, 거기에 유아들도 포함되었을 것이라 추측합니다. 칼빈은 유아들은 어려서 믿음을 가질 수 없다는 사람들을 향해 하나님께서 원하시면 유아들에게도 중생의 은혜가 임할 수 있고, 성령은 유아들이 세례를 받을 때 역사하신다 말했습니다.

세례가 천국 가는 조건이기도 한 천주교와는 달리 개신교에서는 축복을 위한 유아세례를 행하는 것입니다. 예수님께서는 어린 아이들이 오는 것을 금하지 않으셨고, 안고 축복하셨습니다. 사랑하는 우리의 자녀들이 유아세례를 받음으로 하나님의 자녀로 인정받고, 나중에 성장하여 자신들 스스로 신앙을 고백한다면 그것이 참으로 교회의 복된 일이라고 생각합니다. 유아세례를 받음으로 이런 유익들이 있다면 받으시는 것이 좋다고 생각합니다. 유아세례는 성경적이지 않으면서도 비성경적이지도 않습니다. 받게 하시는 것을 강력히 권합니다.

19. 신앙적인 인성 교육이 얼마나 중요하며, 적어도 어떤 것들을 부모가 알고 가르쳐야 할까요?

신앙적인 인성 교육은 매우 중요합니다. 부모의 가르침은 자녀들의 삶에 큰 영향을 미칩니다. 몇 가지 중요한 가르침은 ① 자녀에게 하나님의 사랑과 섭리를 가르치고 하나님과의 교제의 중요성을 강조해야 합니다. ② 자녀에게 성경을 통해 하나님의 뜻을 배우고 삶의 지침을 찾을 수 있게 해야 합니다. ③ 자녀에게 기도와 예배의 중요성을 가르쳐야 합니다. 함께 기도하고 성경을 읽으며 예배하는 것은 가정에서 영적인 성장을 도모하는 좋은 방법입니다. ④ 예수 그리스도의 사랑과 관용을 본받도록 도와주세요. 자녀에게 타인을 사랑하고 이해하며 관용을 베풀도록 가르치는 것은 신앙적인 인성의 중요한 부분입니다. ⑤ 부모는 자녀에게 자비롭고 선행하는 삶의 중요성을 보여주고 가르쳐야 합니다. 자녀가 타인을 섬기고 돕는 일에 참여하도록 유도하여 이들이 예수 그리스도를 따르는 믿음의 삶을 살도록 도와주셔야 합니다.

이러한 신앙적인 가르침은 자녀가 영적으로 성장하고 풍성한 삶을 살게 하는 데 중요한 역할을 합니다. 부모가 이러한 가르침을 통해 자녀를 이끌어 주면, 그들은 영적으로 강하고 책임감 있고 사랑으로 가득 찬 인간이 될 것입니다. 누가복음 2장 52절 "예수는 지혜와 키가 자라가며 하나님과 사람에게 더욱 사랑스러워 가시더라"란 말씀처럼 하나님과 사람에게 사랑받는 자녀로 키우십시오. 믿음, 소망, 사랑, 온유와 겸손, 섬김, 경청, 긍정적 태도, 기쁨, 배려, 감사, 책임감, 인내, 순종, 절제, 정직, 지혜가 있는 자녀로 키우십시오.

20. 어렸을 때 곧잘 엄마, 아빠 손 붙잡고 교회를 잘 다니던 아이가 요즘 부쩍 교회 가길 싫어합니다. 사춘기 자녀의 신앙문제를 어떻게 해야 할까요?

사춘기는 많은 변화와 도전이 있는 시기입니다. 자녀의 태도나 행동에 변화가 나타날 수 있는 시기입니다. 자녀를 키우면서 가장 힘든 시기입니다. 참을 인(忍)자 세 번이 필요한 때입니다. 자녀가 교회나 신앙에 대해 부정적인 감정을 표현할 때 비난하거나 강요하는 대신 포용적인 태도를 유지하셔야 합니다. 자녀의 의견을 경청하고 이해하려 노력하면서 함께 문제를 해결하는 것이 중요합니다. 지적하는 말, 책망하는 말을 하지 마십시오. '너 왜 그러니? 그러면 안 돼?'라고 하면 변명이 늘고, 속이고, 그러다가 그것마저 안 통하면 입을 닫게 됩니다. 아이의 말을 잘 들어주셔야 합니다. 무엇 때문에 힘든지, 이유가 무엇인지 들어주셔야 합니다.

그리고 '그랬구나' 화법을 쓰면 좋겠습니다. '그랬구나. 그래서 우리 딸이 힘들었구나.' 혹시라도 자녀를 인격적으로 대하지 못하였거나, 부모가 잘못한 경우가 있다면 사과하고 용서를 구할 줄도 알아야 합니다. 아이에게 강압적으로 하시면 안 되고 잘 달래야 합니다. 자녀의 감정을 존중하면서 신앙적인 가치와 중요성을 강조할 수 있어야 합니다. 자녀를 독립적으로 교회에 참여하도록 유도하되, 자녀의 의견과 편안함을 고려해야 합니다. 무엇보다 하나님께 맡기며 자녀를 위해 기도해야 합니다.

전통의례

21. 종교가 다른 시댁 식구들과 제사 때문에 자주 마찰이 생깁니다. 하나님을 믿는 사람이 가족들과 다투는 것도 좋지 않은 것 같은데 지혜롭게 처신하는 방법이 없을까요?

제사 문제 때문에 가족끼리 서로 갈등하는 경우가 많이 있지요. 정말 지혜롭게 처신해야 합니다. 성경은 분명히 말씀하고 계십니다. 고린도전서 10장 20절에 "무릇 이방인이 제사하는 것은 귀신에게 하는 것이요 하나님께 제사하는 것이 아니니 나는 너희가 귀신과 교제하는 자가 되기를 원하지 아니하노라."

기독교인은 제사하면 안 됩니다. 그 대신 우리는 추도예배를 드립니다. 제사 문제 때문에 우리 기독교를, 특히 개신교를 불효의 종교라고 하는데 그것은 기독교를 몰라서 하는 소리입니다. 성경은 많은 곳에서 효도를 강조합니다. 인간관계 속에서 주신 십계명 중에 사람을 향한 첫 계명인 5계명이 '네 부모를 공경하라'로 시작됩니다. 기독교의 효도는 돌아가신 후 효도가 아니라 살아계실 때 효도입니다.

그러나 성경은 화평케 하는 자가 복이 있다고 말씀하셨으니 가족들과 다툴 수도 없고 어떻게 해야 할까요? 제사상 앞에 절만 하지 않으시면 됩니다. 음식 장만할 때는 앞장서서 준비하십시오. 그리고 함께 음식도 드십시오. 그리고 설거지 등 뒷정리도 앞장서서 하십시오. 그리고 양해를 구하십시오. 나는 신앙인이라 절은 할 수 없다고 하시고 기도만 하십시오. 그러면 크게 다툴 일 없습니다.

그런데 궂은일도 안 하고, 힘든 일도 안 하고, 절도 안 하니까 욕먹는 것입니다. 또 가족들 선물 하나씩 사서 건네주세요. 절대로 욕 못합니다. 그리고 나중에는 인정하게 됩니다. 사도행전 16장 31절에 "주 예수를 믿으라 그리하면 너와 네 집이 구원을 받으리라" 말씀하신 것처럼 지혜롭게 행동하셔서 가족들 모두가 구원받는 역사가 있었으면 좋겠습니다.

22. 기독교인이 아닌 분을 조문 갔을 때 주의해야 할 사항은 무엇인가요?

우리나라 전통 관행으로 보면 고인 앞에서 곡하고 두 번 절하고 상주들에게 한 번 절하고 하는 등의 형식이 있지만, 지금은 서양식으로 많이 바뀌고 있습니다. 우리 기독교인들이 상갓집에서 조문할 때는 단정하고 차분한 복장을 입고, 적절한 예법을 따르십시오. 고인 앞에서 절하면 안 되고, 국화 꽃 한 송이를 올리고 서서 기도하면 됩니다. 예수님 믿지 않는 가정이라면 가족들의 구원을 위해 기도하면 됩니다. 그리고 상주와 큰절을 해도 괜찮고 가볍게 목례를 해도 괜찮습니다. 고인의 가족들에게 깊은 애도를 표하고, 조문객으로서 기본적인 예의를 지키십시오. 조문에서 종교적 내용이나 의식을 전파하지 않도록 하십시오.

23. 곧 딸이 결혼을 하는데 폐백 문제가 마음에 걸립니다. 술이나 닭 같은 것은 기독교 폐백 음식으로 적합지 않다고 하던데요. 기독교인으로서 폐백은 어떻게 하는 것이 좋을까요?

요즘은 결혼식을 치른 예식장에서 예식 후 바로 시부모에게 폐백을 올리고 있는데, 본래 폐백은 신부 집에서 결혼식을 하고 1-3일이

지난 후 신랑 집에 가서 친정집에서 싸 준 음식을 차려놓고 큰 절을 하는 것으로부터 유래되었습니다. 폐백은 결혼한 후 신부가 시부모님과 시댁 가족에게 예의를 갖추어 존중히 여기는 마음으로 하는 것이지만 꼭 해야 하는 것은 아닙니다. 해야 한다면 기독교식을 접목하여 하는 것이 좋을 듯합니다. 밤, 대추를 던져주어 신랑신부의 자손 번성을 위해 축복하는 것인데 자손 번성의 축복은 오직 하나님께만 달려 있습니다. 그러므로 밤, 대추를 던지는 대신 자녀들을 위해 기도해 주고, 성경책을 선물로 주고, 술 대신 전통차를 나누며 예의를 갖추는 것이 좋을 것 같습니다.

폐백의 선택은 결혼하는 부부의 신앙과 가치관을 반영해야 합니다. 부모가 자녀를 위해 기도하며 축복하는 것 너무나 소중한 일입니다. 기독교적인 방법으로 하게 된다면 아브라함, 이삭, 요셉에게 축복이 계승되었던 것처럼 새롭게 꾸려지는 자녀의 가정에 하나님의 축복이 임할 것입니다.

02

개인 생활

성경

24. 죽기 전에 하늘나라를 볼 자(눅 9:27)도 있다는 말씀은 무슨 의미인가요?

누가복음 9장 27절은 예수님께서 첫 번째 수난과 부활을 예고하시면서 제자들을 향해 너희들 가운데서 죽기 전에 하나님 나라를 볼 자도 있다고 말씀하신 것입니다. 성경은 전부 짝이 있습니다. 성경을 해석할 때는 성경을 가지고 성경을 해석하는 것이 가장 좋은 방법입니다. 그리고 전후 문맥을 살피며 해석해야 합니다. 이 구절 직후에 예수님이 변화산에서 변모하시는 모습이 나옵니다. 이는 제자들 중 몇 명이 예수님의 영광스러운 모습을 본 경험을 가리킬 수 있습니다. 그리고 예수님의 부활과 승천을 경험한 제자들이 하나님

나라의 일부를 본 것으로 해석할 수 있습니다. 또한 오순절 성령 강림 사건으로 인해 제자들이 하나님 나라가 임하는 것을 경험한 것으로 볼 수 있습니다.

주님께서 하나님 나라를 볼 자들이라고 할 때 '볼'에 해당하는 헬라어 '에이도'는 '느끼다, 경험하다, 체험하다'란 뜻이 있습니다. 즉 하나님 나라를 느끼고 경험하고 체험할 자도 있을 것이라는 말씀입니다. 그러면 주님께서 왜 제자들에게 죽기 전에 하나님 나라를 느끼고 경험하고 체험하게 해주실까요? 주님을 따르는 삶에 고난과 조롱과 박해가 있어도 주님을 따르는 길이 영광의 길임을 알게 하신 것입니다. 그래서 하나님 나라를 경험한 제자들은 박해와 생명의 위협에도 주님을 따르는 길을 멈추지 않았습니다.

25. 사람들은 형통이라는 말을 좋아하는데 형통의 성경적 의미는 무엇인가요?

일반적인 개념의 형통은 내가 중심입니다. 내 생각대로, 내 뜻대로, 내 계획대로, 내 소원대로 되는 것을 형통이라고 합니다. 그러나 성경적 형통의 개념은 하나님이 중심입니다. 하나님의 계획, 하나님의 소원, 하나님의 뜻, 하나님의 목적이 이루어지는 것을 형통이라

합니다. 그러므로 성경적인 형통은 우리가 생각하고, 원하고, 바라는 대로 되지 않아도 하나님의 계획, 하나님의 뜻이 나를 통해 이루어져 가는 과정이라면 그것이 고난이라 할지라도 형통입니다.

요셉을 예로 들면 요셉은 꿈꾸는 자였습니다. 하나님이 그 꿈을 이루시는 과정을 보면 애굽의 종으로 팔려가 누명 쓰고 종으로 살게 됩니다. 인간적인 개념으로 보게 되면 조금도 형통의 모습이 아닙니다. 그러나 창세기 39장을 보면 '여호와께서 요셉과 함께 하시므로 그가 형통한 자가 되어'(2절), '여호와께서 그를 범사에 형통하게 하셨더라'(23절)라고 말씀하십니다. 애굽에 팔려가 보디발 장군의 집에서 종살이 할 때 형통이라는 말이 쓰이고, 보디발 장군의 아내에게 누명을 쓰고 감옥에 갇혀 있을 때 형통이라는 단어가 쓰입니다.

인간적으로 보면 조금도 형통이 아닌데 하나님의 뜻이 이루어지는 과정이었기 때문에 형통이라 말씀하신 것입니다. 만약 애굽으로 팔려가지 않았다면, 누명 쓰고 감옥에 들어가지 않았다면 요셉은 애굽의 총리가 될 수 없었습니다. 하나님의 때가 되자 요셉은 마침내 바로의 꿈을 해석하고 애굽의 총리가 됩니다. 무엇이 형통입니까? 하나님의 뜻이 이루어져가는 과정 속에 발생하는 어려움도, 고통도, 감옥도 형통입니다.

26. 하나님께서는 전지전능한 분이시니까 사람이 얼마나 약한지도 아셨을 텐데 왜 선악과를 만드셨을까요?

믿는 사람뿐만 아니라 믿지 않는 사람들도 동일하게 의문을 제시하는 문제입니다. 하나님과 인간의 최초의 언약이 선악과 언약입니다. 동산에 있는 모든 나무의 실과는 먹되 동산 중앙에 있는 선악을 알게 하는 나무는 먹지 말라 먹는 날에는 반드시 죽으리라 하셨습니다.

먼저 생각해야 할 부분은 '하나님께서 피조물을 왜 만드셨는가'를 알아야 합니다. 그 이유는 하나님께서 영광 받으시기 위함입니다. 하나님은 고유의 목적을 가지고 피조물들을 만들었습니다. 그 중에 사람은 하나님의 형상을 닮은 지정의의 인격을 가진 특별한 존재로 만드셨습니다. 또한 로봇이나 동물처럼 만들지 않으시고 자유의지를 주셔서 선택할 수 있는 권한까지 주셨습니다.

그러나 하나님과 사람 사이에 선이 필요했습니다. 넘어서는 안 될 선으로 주님께서 만드신 것이 선악과였습니다. 그런데 아담과 하와가 선악과를 먹음으로 선을 넘어 선악을 아는 일에 하나님처럼 되어 버린 것입니다. 창세기 3장 22절에 "여호와 하나님이 이르시되 보라 이 사람이 선악을 아는 일에 우리 중 하나같이 되었으니" 선악의 기준은 하나님이었는데 사람 또한 그와 같이 되어 버린 것입니다. 창세기 6장을 보면 하나님의 아들들이 사람의 딸들의 아름다움을 보고 결혼하여 세상에 죄악이 관영하게 되었고, 사람의 모든 계획이 다 악하게 되어 하나님이 세상에 사람 지으셨음을 한탄하시며 지면을 물로 심판하시게 됩니다. 그래서 율법이 주어지기 전까지 사람이 선악의 기준이 되어 살게 되었습니다.

선악과는 하나님의 주권과 명령을 상징합니다. 인간은 하나님의 명령을 따를 때 진정한 자유와 기쁨을 누릴 수 있습니다. 선악과 사건을 통해 인간은 죄를 범하게 되었지만, 이는 또한 하나님의 구원의 계획이 실행되는 계기가 되었습니다. 예수 그리스도의 구속 사역을 통해 인간은 구원과 영생을 얻게 됩니다. 결국, 선악과는 하나님의 주권, 인간의 자유의지, 도덕적 책임, 그리고 구원 계획을 포함한 깊은 신학적 의미를 담고 있습니다.

27. 하나님의 계시라며 알려 주는 이가 있어요. 옳은 것인가요?

예레미야 14장 14절에 "여호와께서 내게 이르시되 선지자들이 내 이름으로 거짓 예언을 하도다 나는 그들을 보내지 아니하였고 그들에게 명령하거나 이르지 아니하였거늘 그들이 거짓 계시와 점술과 헛된 것과 자기 마음의 거짓으로 너희에게 예언하는도다", 예레미야 23장 16절에 "만군의 여호와께서 이와 같이 말씀하시되 너희에게 예언하는 선지자들의 말을 듣지 말라 그들은 너희에게 헛된 것을 가르치나니 그들이 말한 묵시는 자기 마음으로 말미암은 것이요 여호와의 입에서 나온 것이 아니니라"라며 거짓 예언자들의 말을 듣지 말라고 하십니다.

그들은 헛된 것을 가르친다고 하십니다. 그들이 말하는 것은 자신의 생각을 전하는 것이며 여호와의 입에서 나온 말이 아니라고 하십니다. 마태복음 24장 24절 "거짓 그리스도들과 거짓 선지자들이 일어나 큰 표적과 기사를 보여 할 수만 있으면 택하신 자들도 미혹하리라"란 말씀처럼 큰 표적과 기사를 보여 택하신 자들도 미혹한다고 하십니다.

기독교는 계시의 종교입니다. 성경은 하나님이 인간에게 주신 계시들로, 인간의 삶에 대한 지침을 담고 있습니다. 그러므로 하나님의 계시는 항상 성경과 일치해야 합니다. 하나님의 계시라며 정보를 전달하는 사람을 신중하게 평가하십시오. 기도와 묵상을 통해 성령의 인도를 받으며 분별력을 키우십시오. 모든 계시가 진리인 것은 아니므로 영적 분별력이 필요합니다. 신뢰할 수 있는 목회자나 영적

지도자와 상담하십시오. 그들의 조언을 통해 올바른 판단을 내릴 수 있습니다. 계시를 전하는 사람의 동기와 의도를 살펴보십시오. 그들이 하나님의 영광을 위해서 하는지, 아니면 개인적인 공명심을 위해서 하는지 파악하십시오.

28. 창세기를 읽다가 가인과 아벨의 사건을 보고 의문점이 생겼습니다. 가인이 아벨을 죽이고 다른 곳, 다른 사람들에게로 쫓겨났는데 그 사람들은 누구인가요?

창세기 4장에 가인이 아벨을 죽이고 쫓겨나게 됩니다. 여러 군데 유리하며 다니다가 자기를 만나는 사람이 자기를 죽일 것이라는 두려움에 사로잡혀 하나님 앞에 하소연합니다. 하나님께서 너를 죽이는 사람은 벌을 칠 배나 주겠다고 하시며 표를 주어 생명을 안전하게 지켜주시는 내용이 소개되어 있습니다.

성경에는 아담과 하와의 자녀로 가인과 아벨, 셋 세 사람만 소개되어 있습니다. 그러나 창세기 5장 4절을 보면 셋을 낳았을 때 아담의 나이가 130세였으며, 800년을 더 살며 자녀들을 낳았다고 말씀하고 있습니다. 그러니 아담과 하와의 자녀가 얼마나 많았겠습니까?

창세기 5장은 아담의 계보인데 누구는 누구를 낳고, 누구는 누구를 낳고, 한 사람씩만 소개됩니다. 하나님의 구속사가 어떻게 진행되는지를 소개하기 위함입니다.

가인과 아벨 사이에 문제가 생겨 가인이 쫓겨나게 되었고, 셋이라고 하는 경건한 자녀를 통해 아담의 경건한 후손은 이어지게 됩니다. 창세기 6장을 보면 하나님의 아들들이 사람의 딸들의 아름다움을 보고 자기 아내로 삼은 결과 세상에 죄악이 관영하게 되었고 하나님이 세상에 사람 지으셨음을 한탄하시고 홍수로 심판하십니다.

하나님의 아들들은 여호와의 신앙을 계승한 경건한 셋의 후손들이고, 사람의 딸들은 하나님을 거역한 불경건한 가인의 후손들입니다. 아담의 계보에 등장하는 그 당시 사람들의 평균 수명이 912세였습니다. 그러니까 가인이 두려워한 사람들은 아담과 하와가 낳은 또 다른 자녀들과 그들의 후손들일 것입니다.

29. 사람이 사망한 후에 심판에 대해 성경에는 어떻게 나와 있나요?

히브리서 9장 27절에는 "한 번 죽는 것은 사람에게 정해진 것이요 그 후에는 심판이 있으리니"라고 기록되어 있습니다. 성경은 분명히 사람이 죽은 후에는 심판이 있을 것을 말씀합니다. 심판은 두 가지로 나뉩니다.

① 개인적인 심판 : 사람이 죽은 후에 영혼은 하나님 앞에 서게 됩

니다. 이때 개인적인 심판이 이루어지며, 그 사람의 행위와 믿음에 따라 영원한 삶이나 영원한 파멸로 이어집니다. 마태복음 25장 33, 46절에서 "양은 그 오른편에 염소는 왼편에 두리라…그들은 영벌에, 의인들은 영생에 들어가리라 하시니라"라고 말씀합니다.

② 종말 심판 : 성경에서는 마지막 심판이 있을 것으로 예언합니다. 예수 그리스도가 재림하셔서 산 자와 죽은 자를 심판하고 영원한 삶이나 영원한 파멸로 결정할 것이라고 말합니다.

요한계시록 20장 12-15절에 "내가 보니 죽은 자들이 큰 자나 작은 자나 그 보좌 앞에 서 있는데 책들이 펴 있고 또 다른 책이 펴졌으니 곧 생명책이라 죽은 자들이 자기 행위를 따라 책들에 기록된 대로 심판을 받으니 바다가 그 가운데에서 죽은 자들을 내주고 또 사망과 음부도 그 가운데에서 죽은 자들을 내주매 각 사람이 자기의 행위대로 심판을 받고 사망과 음부도 불못에 던져지니 이것은 둘째 사망 곧 불못이라 누구든지 생명책에 기록되지 못한 자는 불못에 던져지더라" 성경에서는 이러한 심판이 하나님의 공의를 나타내며, 그의 사랑과 인자함에 따라 이루어진다고 설명됩니다.

심판은 하나님의 성품과 그분의 계획과 일치하며, 사람들에게 새로운 시작을 제공하기 위한 것입니다.

30. 하나님이 세상을 만들기 전에도 천국이 있었나요?

성경에 의하면 세 가지 하늘 즉 첫째 하늘, 둘째 하늘, 셋째 하늘이 있다고 했습니다. 첫째 하늘은 대기권 하늘, 즉 새가 날아다니고, 비행기가 날아다니며 비와 이슬이 내리는 하늘입니다. 둘째 하늘은 우주 하늘, 즉 해와 달과 별들이 있는 하늘입니다. 셋째 하늘은 천국이 있는 하늘입니다.

천국은 셋째 하늘에 있다고 했습니다. 고린도후서 12장 2절에서 바울은 "내가 그리스도 안에 있는 한 사람을 아노니 그는 십사 년 전에 셋째 하늘에 이끌려 간 자라"라고 이야기했습니다.

마태복음 25장 31~34절에서는 "인자가 자기 영광으로 모든 천사와 함께 올 때에 자기 영광의 보좌에 앉으리니 모든 민족을 그 앞에 모으고 각각 구분하기를 목자가 양과 염소를 구분하는 것같이 하여 양은 그 오른편에 염소는 왼편에 두리라 그 때에 임금이 그 오른편에 있는 자들에게 이르시되 내 아버지께 복 받을 자들이여 나아와 창세로부터 너희를 위하여 예비된 나라를 상속받으라", 마태복음 25장 41절은 "또 왼편에 있는 자들에게 이르시되 저주를 받은 자들아 나를 떠나 마귀와 그 사자들을 위하여 예비된 영원한 불에 들어가라"라고 기록하며 천국은 창세로부터 예비된 나라라고 하십니다. 지옥도 마귀를 위해 예비된 영원한 불이라고 하십니다. 그러므로 천국과 지옥은 세상이 창조하기 이전에 창조된 것으로 볼 수 있습니다.

31. 믿지 않는 어떤 분이 저에게 이런 질문을 했어요. 이미 하나님이 선택하시고, 선택되어진 사람만 천국 가는 게 아니냐며 열심히 믿어도 내가 선택된 사람이 아니면 어쩌냐고 하셔서 당황했어요.

예정론은 구원받을 자와 멸망할 자가 이미 정해져 있다는 교리입니다. 야곱과 에서가 세상에 나오기도 전에 태 속에서 하나님이 야곱을 선택하십니다. 하나님의 주권이었습니다. 구원은 하나님의 무조건적인 선택입니다. 믿음보다 먼저 있는 것이 하나님의 선택입니다. 내가 믿기 전에 하나님이 먼저 나를 선택하셨습니다. 해는 동쪽에서 떠서 서쪽으로 집니다. 눈에 보이는 현상입니다. 그러나 본질은 해는 그대로 있고 지구가 도는 것입니다. 우리는 본질과 현상을 함께 볼 수 있어야 합니다.

사도행전 13장 48절에 "이방인들이 듣고 기뻐하여 하나님의 말씀을 찬송하며 영생을 주시기로 작정된 자는 다 믿더라", 에베소서 1장 5절에 "그 기쁘신 뜻대로 우리를 예정하사 예수 그리스도로 말미암아 자기의 아들들이 되게 하셨으니", 디모데전서 2장 4절에 "하나님은 모든 사람이 구원을 받으며 진리를 아는 데에 이르기를 원하시느니라"라고 말씀하십니다. 영생을 주시기로 작정된 자, 예정된 자가 믿었다는 말씀입니다. 하나님은 모든 사람이 구원 받기를 원하신답니다. 구원의 본질입니다.

그런데 로마서 10장 13-17절에 "누구든지 주의 이름을 부르는 자는 구원을 받으리라 그런즉 그들이 믿지 아니하는 이를 어찌 부르리요 듣지도 못한 이를 어찌 믿으리요 전파하는 자가 없이 어찌 들으리요 보내심을 받지 아니하였으면 어찌 전파하리요 기록된 바 아름답도다 좋은 소식을 전하는 자들의 발이여 함과 같으니라 그러나 그들이 다 복음을 순종하지 아니하였도다 이사야가 이르되 주여 우리가 전한 것을 누가 믿었나이까 하였으니 그러므로 믿음은 들음에서 나며 들음은 그리스도의 말씀으로 말미암았느니라"라고 합니다.

구원은 믿는 자가 받는다는 말씀입니다. 구원이 믿는 자에 의해 결정되는 것 같습니다. 구원의 현상입니다. 우리는 두 가지를 함께 보아야 합니다. 하나님의 예정을 믿으면서도, 우리가 해야 할 일은 해야 하는 것입니다. 복음에 순종해야 합니다. 전파해야 합니다. 주의 이름을 불러야 합니다.

32. 창세기 4장 17절에 가인의 아내가 갑자기 등장합니다. 창세기를 처음 읽었을 때 갑자기 나온 가인의 아내가 의아했던 기억이 납니다. 가인의 아내는 누구이고, 가인은 누구와 결혼한 것일까요?

창세기 4장 16-17절 "가인이 여호와 앞을 떠나서 에덴 동쪽 놋 땅에 거주하더니 아내와 동침하매 그가 임신하여 에녹을 낳은지라" 말씀에서 가인의 아내가 등장합니다. 창세기 4장 3-5절을 보면 "아담은 백삼십 세에 자기의 모양 곧 자기의 형상과 같은 아들을 낳아 이름을 셋이라 하였고 아담은 셋을 낳은 후 팔백 년을 지내며 자녀들을 낳았으며 그는 구백삼십 세를 살고 죽었더라"라고 합니다.

아담이 하와를 통해 가인을 낳고 또 아벨을 낳습니다. 아벨은 가인에 의해 죽고, 하나님이 아벨 대신에 주신 아들이 셋입니다. 아담이 130세에 낳은 아들입니다. 그리고 아담은 800년을 지내면서 자녀들을 낳았습니다. 그러니까 가인은 친족 가운데서 아내를 얻은 것입니다. 인류가 아담과 하와 부부의 한 쌍에게서 유래하였기 때문에, 초창기 시대에는 친족 결혼이 불가피했을 것입니다.

33. 구원은 오직 믿음으로 얻어지나요? 아니면 믿음과 더불어 행동까지 더해야 하는 걸까요?

구원은 믿음으로 받습니다. 하나님의 말씀을 믿어야 합니다. 예수님을 믿어야 합니다. 로마서 1장 17절 "복음에는 하나님의 의가 나타나서 믿음으로 믿음에 이르게 하나니 기록된 바 오직 의인은 믿음으로 말미암아 살리라 함과 같으니라" 말씀처럼 행함으로 구원받는 것 아닙니다. 그러나 믿었으면 행동해야 합니다. 행함이 없는 믿음은 죽은 믿음입니다. 그래서 야고보서 2장 17절에 "행함이 없는 믿음은 그 자체가 죽은 것이라"라고 했고, 20절에서는 "행함이 없는 믿음은 헛것이다"라고 했고, 26절에서는 "행함이 없는 믿음은 죽은 것이라"라고 했습니다.

오해하지 마십시오. 야고보서는 행함으로 구원받을 수 있음을 강조한 것이 아니라, 행함 있는 믿음, 살아 있는 믿음을 강조한 것입니다. 잊지 마십시오. 구원의 조건은 '믿음'이지 결코 '행함'이 아닙니다. 믿음으로 구원받는 것이지 행함으로 구원받는 것 아닙니다.

그런데 천주교는 '사람이 선행으로써 구원을 얻는다'는 소위 '이행득구' 구원관을 교인들에게 가르칩니다. 이것은 다른 복음입니다. 사도 바울은 다른 복음을 전하면 저주를 받을 것이라고 했습니다(갈 1:8). 우리 성도들은 '이행득구' 교리는 경계해야 하지만, 반드시 행함 있는 믿음의 삶을 살아야 합니다. 행동으로 우리의 믿음을 증명하며 살아야 합니다. 노아도 순종함으로 믿음을 증명했습니다. 아브라함도, 이삭도, 야곱도, 요셉도, 모세도, 여호수아도, 사사들도, 선지자들도, 다윗도, 요셉과 마리아도, 예수님의 제자들도 전부 순종으로 믿음을 증명했습니다.

마태복음 7장 21절에 예수님께서 분명히 말씀하셨습니다. "나더러 주여 주여 하는 자마다 천국에 다 들어갈 것이 아니요 다만 하늘에 계신 내 아버지의 뜻대로 행하는 자라야 들어가리라." 믿음을 행함으로 증명하십시오. 행함으로 증명된 우리의 믿음을 보시고 하나님께서 인정하시고, 구원하시고, 치료하시고, 살려 주시고, 축복해 주실 것입니다.

34. 우리나라가 예수님을 알지 못했던 시대에 위대한 일을 행했던 사람들도 주님을 몰랐기 때문에 지옥에 갈까요? 아니면 그 행실과 업적으로 인해 천국에 갈 수 있나요?

우리는 모르고 하나님만 아십니다. 사도행전 10장에 예수 그리스도를 믿기 전 하나님을 경외했던 고넬료라는 이방인의 기도를 하나님이 들어주신 사례가 있습니다. 그렇다면 고넬료가 예수님을 믿기 전에 이미 구원을 받은 것입니까? 아닙니다. 하나님께서 고넬료로 하여금 베드로가 전하는 복음을 듣게 하셨습니다. 구원 얻는 유일한 길은 예수 그리스도밖에 없습니다. 요한복음 14장 6절에서 "예수께서 이르시되 내가 곧 길이요 진리요 생명이니 나로 말미암지 않고는 아버지께로 올 자가 없느니라", 사도행전 4장 12절에서는 "다른 이로써는 구원을 받을 수 없나니 천하 사람 중에 구원을 받을 만한 다른 이름을 우리에게 주신 일이 없음이라 하였더라"라고 말씀합니다.

또 한 가지 생각할 것은 예수 믿지 않고 심판받는 자들 중에 '견디기 쉬운' 심판을 받는 자들이 있다는 것입니다. 예수님께서 마태복음 11장 22절에 '견디기 쉬운 심판이 있다'고 말씀하셨습니다. 이것에 비추어 볼 때 예수 그리스도를 모르고 죽은 사람들 중에 견디기 쉬운 심판을 당하는 자들도 있고, 견디기 어려운 심판을 당하는 자들도 있다는 사실입니다.

구원에 대해서는 우리가 하나님이 아니기 때문에 결론을 내리지 못할 부분이 있다는 것을 인정할 수밖에 없습니다. 그러나 예수 그리스도의 이름 외에 구원받을 다른 이름을 주신 적이 없다는 말씀을 절대적인 진리로 받아들이고 믿고 구원받고 전도해야 합니다.

35. 성경을 보면 하나님께서 후회하셨다는 표현이 나옵니다. 후회는 이전의 잘못을 깨우치고, 뉘우친다는 뜻인데 하나님은 전지전능하

시고 완전하신 분이신데 그런 하나님께서 후회하신다는 게 이해가 되지 않습니다.

성경에 하나님이 후회하셨다는 표현이 있습니다. 창세기 6장 6절에 "땅 위에 사람 지으셨음을 한탄하사 마음에 근심하시고", 사무엘상 15장 11절에 "내가 사울을 왕으로 세운 것을 후회하노니 그가 돌이켜서 나를 따르지 아니하며 내 명령을 행하지 아니하였음이니라", 사무엘상 15장 35절에 "사무엘이 죽는 날까지 사울을 다시 가서 보지 아니하였으니 이는 그가 사울을 위하여 슬퍼함이었고 여호와께서는 사울을 이스라엘 왕으로 삼으신 것을 후회하셨더라"입니다.

하나님도 후회하실까요? 아닙니다. 인간의 타락에 대하여 가지시는 하나님의 실망과 안타까운 심정을 인간적인 측면에서 수사학적으로 묘사한 것입니다. 인간의 후회와는 성격이 다릅니다. 로마서 11장 29절에 "하나님의 은사와 부르심에는 후회하심이 없느니라", 민수기 23장 19절에 "하나님은 사람이 아니시니 거짓말을 하지 않으시고 인생이 아니시니 후회가 없으시도다 어찌 그 말씀하신 바를 행하지 않으시며 하신 말씀을 실행하지 않으시랴", 히브리서 13장 8절에 "예수 그리스도는 어제나 오늘이나 영원토록 동일하시니라" 하나님은 사람이 아니라 거짓말 하지 않으시고, 후회가 없으신 분이십니다. 어제나 오늘이나 동일하신 분이십니다.

이러한 구절들은 하나님의 본질과 성품이 변하지 않음을 강조합니다. 따라서 하나님이 '후회하신다'라는 표현은 하나님이 인간의 죄와 불순종에 대해 실망과 안타까운 심정을 표현한 것이며, 하나님의 본질이나 계획이 변하는 것을 의미하지 않습니다.

36. 천국과 지옥이 정말 있는지, 우리보다 먼저 천국에 간 가족들이나 그곳에 있는 사람들은 우리를 내려다볼 수 있는지 궁금해요?

천국과 지옥은 분명히 있습니다. 예수님께서 '천국'에 대해서 마태복음에서만 서른두 번이나 말씀하셨고, 네 번은 '하나님의 나라'라는 표현을 쓰셨습니다. 복음서 전체에서는 예수님께서 예순일곱 번이나 '천국'이 있다, '하나님의 나라'가 있다고 하셨습니다.

천국은 매우 큰 장소입니다. 요한계시록 7장 9절을 보면 각 나라와 족속과 백성과 방언, 아무도 능히 셀 수 없는 없는 무리가 주님 앞에 나오는 장면을 볼 수 있습니다. 천국은 어떤 곳입니까? 천국은 불행이 없는 곳입니다. 다시 죽음이 없는 곳입니다. 곡하는 것이 없습니다. 아픈 것이 없습니다. 눈물이 없습니다. 슬픔이 없습니다. 그곳에는 속된 것도 없습니다. 차별도 없습니다. 병든 자도 없습니다. 이 땅에서의 나쁜 것은 하나도 없습니다.

천국에는 영광의 빛이 가득합니다(계 22:5). 그래서 햇빛이 필요 없는 곳입니다. 천국에는 아름다운 노래가 항상 있습니다. 영원한 기쁨이 있습니다. 영원한 즐거움이 있습니다. 그리고 이 땅에서 충성한 자에게 주실 상급이 준비되어 있습니다. 의의 면류관이 있습니다. 생명의 면류관이 있습니다. 영광의 면류관이 있습니다. 천국은 하나님께서 자녀들을 위하여 만들어 놓으신 곳입니다. 그곳에서 하나님의 자녀들은 예수님과 함께 왕노릇 하면서 살아가게 됩니다.

반면에 지옥도 분명히 있습니다. 성경에 보면 아무도 함부로 지옥에 대해서는 이야기를 하지 않습니다. 왜냐하면 아무도 지옥이 어떻게 생겼는지 가 본 사람이 없기 때문입니다. 그래서 예수님께서 직접 지옥에 대해 말씀하십니다. 열세 번이나 말씀하셨습니다. 두 번은 무저갱이란 말로 지옥을 표현하셨습니다. 예수님이 있다고 말씀하셨으면 있는 것입니다.

누가 지옥에 갑니까? 요한계시록 22장 8절을 보면 '믿지 않는 자, 우상숭배자, 살인자, 술객들'이 간다고 했고, 베드로후서 2장 4절을 보면 '범죄한 천사', 요한계시록 14장 11절을 보면 '짐승의 표를 받은 자', 요한계시록 19장 20절을 보면 '거짓 선지자', 마태복음 10장 15절을 보면 '복음을 거부하는 자들'이 간다고 했습니다. 여기서 우리가 특히 주목해야 할 것은 믿지 않는 자와 복음을 거부하는 자가 지옥에 갑니다.

누가복음 16장 23-24절 말씀을 보면 "그가 음부에서 고통중에 눈을 들어 멀리 아브라함과 그의 품에 있는 나사로를 보고 불러 이르되 아버지 아브라함이여 나를 긍휼히 여기사 나사로를 보내어 그 손가락 끝에 물을 찍어 내 혀를 서늘하게 하소서 내가 이 불꽃 가운데서 괴로워하나이다"라고 이야기합니다. 부자가 지옥에서 천국에 있는 나사로를 보고 있습니다. 지옥에서는 천국이 보입니다. 그래서 지옥의 고통이 더 큰 것입니다. 그러나 천국에 있는 나사로는 지옥의 비극을 보지 못했습니다.

천국에 있는 사람들이 우리가 무엇을 하고 있는지 내려다보고 있다는 생각은 대중문화에서는 일반적입니다. 그러나 지옥과 천국에 있는 사람들이 우리를 보고 있다는 말씀은 없습니다. 그리고 천국에 있는 사람들이 우리를 내려다볼 수 없다는 말씀도 없습니다. 따라서 우리는 독단할 수는 없지만 내려다볼 가능성은 없어 보입니다. 천국에 있는 사람들은 하나님을 예배하고 천국의 영광을 즐기는 일에 몰두할 것으로 보입니다.

천국에 있는 사람들이 우리를 내려다볼 수 있든 없든, 우리는 그들의 인정을 바라거나 그들의 찬사를 들으려고 믿음의 경주를 하고 있는 것이 아닙니다. 히브리서 12장 2절은 우리가 무엇에 집중해야 하는지 알려줍니다. "믿음의 주요 또 온전하게 하시는 이인 예수를 바라보자." 예수님만이 우리의 소망이십니다.

37. 흔히 기독교를 비과학적이라 폄하합니다. 성경의 기적들이 과학적으로 설명되지 않기 때문일 것 같은데 그렇다면 과학적으로 입증된 성경의 사건들은 있는지와 그런 활동들이 지금도 계속되고 있는지 궁금합니다.

① 지구는 둥글다. 이사야 40장 22절에 "그는 땅 위 궁창에 앉으시나니"라고 기록되어 있는데, 영어 성경에는 '하나님은 둥근 지구 위에 있는 그의 보좌에 앉으시나니'로 되어 있습니다. 누가복음 17장에도 지구가 둥글다는 사실을 보여 주고 있습니다. 예수님이 재림하실 때 한쪽은 밤이고, 한쪽은 낮이 될 것을 말씀하셨습니다. 한쪽은 자고, 한쪽은 일하고 있습니다. 밤과 낮이 지구 위에 동시에 있다는 뜻입니다. 지구가 평평하다면 있을 수 없는 일이지요.

② 지구는 허공에 떠 있다. 욥기 26장 7절에 "그는 북쪽을 허공

에 펴시며 땅을 아무것도 없는 곳에 매다시며"라고 기록되어 있습니다. 현대인의 성경에는 "하나님은 북쪽 하늘을 허공에 펴시며 지구를 공간에 매달아 놓으시고"라고 합니다. 지구는 무엇이 떠받치고 있는 것이 아니라 허공에 떠 있는 것입니다.

③ 바다에도 길이 있다. 미국 해군 장교였던 매튜 모리가 성경을 읽다가 시편 8편 8절에 "공중의 새와 바다의 물고기와 바닷길에 다니는 것이니이다" 말씀을 통해 바다에 길이 있음을 알고, 바다의 길을 발견합니다. 그래서 그는 '바다의 길을 발견한 사람, 현대 항해술의 아버지'로 알려지게 되었습니다.

④ 육체의 생명은 피에 있다. 수천 년 동안 의사들은 환자를 치료하기 위해 환자의 몸에서 피를 뽑아냈습니다. 중세만 해도 제일 수준 높은 시술이 '출혈 치료'였습니다. 너무 많은 피를 뽑아내면 죽게 된다는 것을 몰랐습니다. 레위기 17장 11절에 "육체의 생명은 피에 있음이라"라고 기록되어 있습니다.

⑤ 비가 내리는 것은 물의 순환 과정이다. 해는 바닷물을 증발시키고, 증발된 수증기는 하늘로 올라가 구름이 되고, 구름 속에 있던 물은 비가 되어 다시 땅으로 내려오고, 그 빗물은 모여서 강을 이루

고, 그 강물은 다시 바다로 흘러들어갑니다. 이것을 물의 순환 과정이라고 합니다. 1930년에 갈릴레오가 처음 발견했습니다. 그러나 수천 년 전에 성경은 이 사실에 관해 말하고 있습니다. 아모스 9장 6절에는 "바닷물을 불러 지면에 쏟으시는 이니 그 이름은 여호와시니라"라고 이야기합니다. 성경 속에 과학이 있습니다.

38. 인간관계에서 심한 갈등의 고통을 겪은 성경의 인물들은 누가 있을까요? 그 사람들은 어떻게 그 고통을 해결하게 되었나요?

고난은 달갑지 않은 이름입니다. 그래서 사람들은 할 수만 있다면 고난을 피하려고 합니다. 고난이 없는 삶을 꿈꿉니다. 그러나 안타깝게도 이 땅에 사는 한 고난은 있습니다. 작은 고난도 있고, 큰 고난도 있습니다. 죄가 하나도 없으신 예수님께서도 여러 가지 고난을 받으셨습니다. 가장 의로우신 예수님이 죄인의 누명을 쓰셨습니다. 십자가에서 버림을 받으셨습니다. 예수님의 일생은 고난의 연속이었습니다. 그러나 고난을 피하지 않으셨습니다. 고난을 이기셨습니다.

여러분! 고난은 피하는 것이 아니라, 이기는 것입니다. 산은 넘어가는 것이 빠르지 돌아가면 늦습니다. 쇠는 자꾸 쳐야 강해집니다. 용광로에 들어가야 정금이 나옵니다(욥 23:10). 잠언 17장 3절에 "도가

니는 은을, 풀무는 금을 연단하거니와 여호와는 마음을 연단하시느니라"고 했습니다.

바울도 고난을 당했습니다. 다윗도, 욥도, 베드로도 고난을 당했습니다. 고난을 부끄러워하지 마십시오. 오히려 고난을 피하려고 하는 것이 부끄러운 것입니다. 예수님은 고난 중에 더 기도하셨습니다. 세 번 기도하셨습니다. 힘쓰고 애써서 간절히 기도하셨습니다. 땀이 핏방울같이 될 만큼 기도하셨습니다(눅 22:44). 심히 고민해 죽게 될 정도로 힘든 순간에 예수님은 기도하셨습니다. 제자들이 몰라줘도 기도하셨습니다. 끝까지 기도하셨습니다.

여러분! 자신이 무너지는 것을 느낄 때 가야 할 곳은 다른 곳이 아닙니다. 겟세마네 기도의 동산입니다. 그곳에서 내가 원하는 것 내려놓고, 아버지의 뜻이 이루어지기를 기도해야 합니다. 시험에서 이길 수 있기를 기도해야 합니다. 기도할 때 주님은 우리와 함께하십니다. 도와주십니다. 세상의 시험으로부터 우리를 거룩하게 지켜 주십니다.

39. 성경을 보면 이스라엘 백성들이 범죄할 때 심판하시는 모습을 보면 하나님은 정말 무서운 하나님이라는 생각이 듭니다. 하나님은 어떤 분이신가요?

하나님은 두 가지 속성을 가지고 계십니다. 하나는 공의의 하나님이십니다. 또 하나는 사랑의 하나님이십니다. 하나님의 공의는 율법으로 나타나고, 하나님의 사랑은 은혜로 나타납니다. 예수님은 십자가에 죽으심으로 하나님의 공의와 사랑을 이루셨습니다. 예수님께서 십자가에 죽으심으로 죄 값을 치른 것은 공의이고, 하나님의 독생자가 죄인인 우리 대신 죽은 것은 사랑입니다. 십자가는 하나님의 공의와 사랑이 동시에 이루어진 곳입니다.

그러나 기억하십시오. 하나님은 공의보다 사랑이 훨씬 크신 분이십니다. 그런데 사랑의 하나님보다 공의의 하나님을 더 크게 생각한다면 어떻게 될까요? 신앙생활이 삭막해질 수밖에 없습니다. 잘못하면 벌 주시는 하나님, 죄 지으면 외면하시는 하나님으로 생각하기 때문입니다. 거기에는 기쁨도 없고, 자유도 없고, 행복도 없게 될 것입니다. 신앙생활도 의무감으로 하고, 작은 잘못에도 죄책감에 시달리고, 내 노력으로 하나님을 기쁘시게 하려고 애를 쓸 것입니다.

하나님의 사랑은 공의보다 크십니다. 오래 참으시고 또 참으시는 사랑입니다. 무한히 용서해 주시는 사랑입니다. 오래 참으시고, 기다려 주시고, 있는 모습 그대로 용서하시고, 용납해 주시는 하나님이십니다. 하나님의 사랑은 어머니가 아이를 안고, 업고, 품는 것 같은 사랑입니다. 그 사랑은 태어나는 순간부터 시작되었고, 노년을 거쳐 백발이 될 때까지 지속되는 사랑입니다. 요람에서 무덤까지 이어지는 사랑입니다. 이사야 46장 3-4절에 "야곱의 집이여 이스라엘 집에 남은 모든 자여 내게 들을지어다 배에서 태어남으로부터 내게 안겼고 태에서 남으로부터 내게 업힌 너희여 너희가 노년에 이르기까지 내가 그리하겠고 백발이 되기까지 내가 너희를 품을 것이라 내가 지었은즉 내가 업을 것이요 내가 품고 구하여 내리라"라고 하십니다. 하나님은 변함없이 나를 사랑하십니다. 하나님은 언제나 나와 함께 하십니다. 하나님은 나를 안고, 업고, 품고 기르십니다.

40. 어떤 사람은 하나님께 복을 달라고 기도하면 그것은 기복 신앙이라고 하는데 헷갈립니다. 기독교는 축복의 종교라는 말을 들었습니다. 복에 대하여 바르게 알려주세요.

기독교는 복의 종교입니다. 성경 전체를 보면 '복'이란 말이 450번 정도 나옵니다. 복에는 두 가지 종류의 복이 있습니다. 눈에 보이는 물질적인 복과 눈에 보이지 않는 영적인 복이 있습니다. 땅의 기름진 복과 하늘의 신령한 복이 있습니다. 시편 1편 1-2절을 보십시오. "복 있는 사람은 악인들의 꾀를 따르지 아니하며 죄인들의 길에 서지 아니하며 오만한 자들의 자리에 앉지 아니하고 오직 여호와의 율법을 즐거워하여 그의 율법을 주야로 묵상하는도다." 이 구절에 나오는 복에는 물질적인 개념이 하나도 없습니다.

그런데 하나님께서 이삭에게 복을 주시는 모습은 다릅니다. 창세기 26장 12-14절을 보십시오. "이삭이 그 땅에서 농사하여 그 해에 백 배나 얻었고 여호와께서 복을 주시므로 그 사람이 창대하고 왕성하여 마침내 거부가 되어 양과 소가 떼를 이루고 종이 심히 많으므로 블레셋 사람이 그를 시기하여" 이 복은 분명히 물질적인 복입니다. 이삭은 100배의 복을 받았습니다. 창대하고 왕성하여 마침내 거부가 되었습니다. 블레셋 사람들이 시기할 정도로 많이 받았습니다. 그러므로 우리는 물질적인 복과 영적인 복을 함께 받아야 합니다.

하나님은 복 주시는 분이십니다. '은도 내 것이요. 금도 내 것이라'고 하셨습니다. 역대상 29장 11-12절에 '권능과 영광과 승리와 위엄이 다 주께 있고, 부와 귀가 주께로 말미암고, 주의 손에 권세와 능력이 있어 모든 자를 크게도 하시고, 강하게도 하신다'라고 하셨습니다. 사무엘상 2장 6-7절에 '여호와는 죽이기도 하시고 살리기도 하시며, 스올에 내리기도 하시고 올리기도 하시며, 가난하게도 하시고 부하게도 하시며, 낮추기도 하시고 높이기도 하신다'라고 하셨습니다. 생사화복의 모든 주권이 하나님에게 있다는 것입니다.

사람들은 대부분 '돈 많은 사람'을 '잘 사는 사람'이라고 합니다. 그러나 성경은 '잘 믿는 사람'을 '잘 사는 사람'이라고 합니다. 그러므로 돈도 귀하지만 믿음은 훨씬 더 귀합니다. 그렇다고 '돈은 필요 없어! 돈이 뭐가 중요해!'라고 말하는 사람은 현실을 모르는 사람입니다. 오해하지 마십시오. 성경에 '돈을 사랑하지 말라. 돈을 섬기지 말라'는 말씀은 돈을 무시하라는 말이 아닙니다. 기독교인의 바른 삶은 돈을 잘 벌고 잘 쓰는 것입니다. 최선을 다해 벌고, 최선을 다해 바르게 쓰는 것이 하나님께서 원하시는 삶입니다.

경건의 삶

41. 군에서 담배를 배우고 피우기 시작했는데 좀처럼 끊기가 어렵습니다. 자책감에 기도도 잘 되지 않고 주님께 다가가기도 힘듭니다. 신앙이 너무 약한 걸까요? 어떻게 해야 할까요?

고린도전서 3장 16-17절에 "너희는 너희가 하나님의 성전인 것과 하나님의 성령이 너희 안에 계시는 것을 알지 못하느냐 누구든지 하나님의 성전을 더럽히면 하나님이 그 사람을 멸하시리라 하나님의 성전은 거룩하니 너희도 그러하니라"라고 말씀합니다. 우리 몸이 성령이 거하시는 성전이라 하십니다. 그래서 우리의 몸을 더럽히면 멸하신다고 하십니다. 성령님이 거하시는 거룩한 성전이므로 우리 몸을 구별되게 가꾸어야지 나쁜 것으로 채우면 안 됩니다.

신앙생활하면서 끊어야 하는데 하면서도 끊지 못하는 것은 신앙의 약함이 아닌 인간의 연약함 때문입니다. 하나님께 솔직하게 우리의 연약함을 기도하면 하나님께서 은혜를 베푸십니다. 왕이 주는 진미를 먹어 몸을 더럽히지 않겠다고 뜻을 세웠던 다니엘과 세 친구처럼 뜻을 세워 보십시오. 그리고 실패하면 또 다시 뜻을 세우십시오.

전도하다 보면 술, 담배 끊기 힘들어 교회 나오기 힘들다 하시는 분들이 있습니다. 술, 담배 하면서 교회 나와도 됩니다. 은혜 받으면 끊을 수 있기 때문입니다. 담배를 끊는 것이 쉽지 않다는 점은 많은 사람들이 공감하는 부분입니다. 신앙이 약하다는 자책감보다는, 하나님께 의탁하고 조금씩 해결해 나가는 것이 중요합니다.

하나님께 솔직하게 나아가세요. 담배를 끊기 어려운 상황을 하나님께 털어놓고 도움을 구하세요. 한 번에 모든 것을 해결하려고 하기보다는 작은 목표를 설정하세요. 예를 들어 하루에 피우는 담배 수를 줄여나가는 것부터 시작해 보세요. 담배를 피우고 싶을 때 대신할 수 있는 다른 활동을 찾아보세요. 예를 들어 운동, 독서, 취미 활동 등이 도움이 될 수 있습니다. 담배를 끊는 여정을 통해 더욱 하나님과 가까워지시기 바랍니다.

42. 금식기도를 하는 이유가 뭘까요?

금식은 하나님과의 깊은 교제를 추구하게 합니다. 영적 민감성을 높이고, 하나님께 집중할 수 있는 시간을 제공합니다. 내적 정화를 돕고, 하나님 앞에서 겸손해질 수 있는 기회를 제공합니다. 기도의 능력을 강화합니다. 하나님께 대한 순종과 헌신의 표현입니다. 자신의 육체적 필요보다 하나님의 뜻을 우선시하는 태도를 보여 줍니다.

성경 인물 중 에스더는 3일, 다윗은 7일, 다니엘은 21일, 모세는 40일, 예수님도 40일 금식기도를 하셨습니다. 이스라엘 백성들이 바벨론 포로생활에서 귀환할 때 에스라, 느헤미야도 백성들과 함께 금식하여 하나님의 손의 도우심을 경험하는 은혜를 체험했습니다.

이사야 58장 6절에 "내가 기뻐하는 금식은 흉악의 결박을 풀어 주며 멍에의 줄을 끌러 주며 압제 당하는 자를 자유하게 하며 모든 멍에를 꺾는 것이 아니겠느냐", 이사야 58장 8-9절에 "그리하면 네 빛이 새벽같이 비칠 것이며 네 치유가 급속할 것이며 네 공의가 네 앞에 행하고 여호와의 영광이 네 뒤에 호위하리니 네가 부를 때에는 나 여호와가 응답하겠고 네가 부르짖을 때에는 내가 여기 있다 하리라…"라고 하십니다. 금식은 흉악의 결박을 풀어줍니다. 멍에의 줄을 끌러줍니다. 압제 당하는 자를 자유하게 합니다. 모든 멍에를 꺾어 줍니다. 치유가 급속합니다. 부르짖을 때 응답하십니다.

금식기도는 응답이 빠릅니다. 그러나 간절함을 담아야 합니다. '나는 날마다 죽노라' 고백했던 사도 바울처럼 내가 죽어야 내 안에서 그리스도께서 드러납니다. 나를 죽일 수 있는 가장 좋은 방법이 금식입니다. 금식하면 육은 죽고 영은 삽니다. 금식은 너무 좋은 것입니다. 금식하셔서 기도 응답 받으십시오.

43. 통성기도 하기가 어색해요. 어쩜 좋죠?

기도는 침묵으로 하는 기도가 있고, 부르짖어 하는 기도가 있습니다. 두 가지가 성경에 다 소개되어 있으므로 두 가지를 병행해서 할 수 있으면 좋습니다. 시편 50편 15절에 "환난 날에 나를 부르라 내가 너를 건지리니 네가 나를 영화롭게 하리로다", 예레미야 33장 2-3절에 "일을 행하시는 여호와, 그것을 만들며 성취하시는 여호와, 그의 이름을 여호와라 하는 이가 이와 같이 이르시도다 너는 내게 부르짖으라 내가 네게 응답하겠고 네가 알지 못하는 크고 은밀한 일을 네게 보이리라"라고 하십니다. 부르짖으면 주님이 들으시고 크고 은밀한 일을 나타내 보이신다고 하셨습니다.

사무엘상 1장 12-13절에 "그가 여호와 앞에 오래 기도하는 동안에 엘리가 그의 입을 주목한즉 한나가 속으로 말하매 입술만 움직이고 음성은 들리지 아니하므로 엘리는 그가 취한 줄로 생각한지라" 라고 하십니다. 한나는 속으로 기도했습니다. 그러나 간절히 기도했습니다.

다른 사람이 조용히 기도할 때는 조용히 기도하고, 다른 사람과 함께 통성으로 기도하는 시간에는 함께 부르짖어 기도할 수 있어야 합니다. 부르짖어 기도하는 것은 훈련입니다. 성령님께 기도할 때의 두려움이나 어색함을 제거해 달라고 간구하십시오. 소규모 기도 모임에서 통성기도를 연습하면 부담을 줄일 수 있습니다. 몇 번 하다 보면 금방 쉽게 통성기도 하실 수 있게 될 것입니다.

44. 방언을 해야만 성령체험한 것인가요?

은사는 내가 받고 싶다고 해서 받을 수 있는 것은 아닙니다. 성령이 각 사람에게 당신의 뜻대로 주시는 것입니다. 방언의 은사는 받기 위해 사모하여야 합니다. 그러나 방언을 해야 성령체험을 한 것은 아닙니다. 방언하지 않아도 성령체험할 수 있습니다. 방언은 성령의 은사 중 하나일 뿐, 성령체험을 정의하는 유일한 기준은 아닙니다. 성령의 체험은 다양한 형태로 나타날 수 있으며, 각 사람에게 다르게 경험될 수 있습니다. 복음서에 나타난 제자들의 모습과 사도행전에 나타난 제자들의 모습은 완벽하게 다릅니다. 용기 없이 숨어 지내던 제자들이 사도행전에서는 복음을 위해 생명 걸고 그 어떤 고난도 위협도 극복하고 승리하는 모습을 보입니다. 그것이 성령의 은혜를 체험한 사람들의 모습입니다.

사도행전 1장 8절에 "오직 성령이 너희에게 임하시면 너희가 권능을 받고 예루살렘과 온 유대와 사마리아와 땅 끝까지 이르러 내 증인이 되리라 하시니라" 말씀처럼 하나님께서는 성령을 부어주셔서 권능 받게 하시며 권능을 주시는 이유는 증인된 삶을 살게 하기 위함입니다.

방언을 해야 성령을 체험한 것이 아니고 환경을 이기는 능력 있는 모습이 성령을 체험한 모습입니다. 방언을 받으려면 사모하십시오. 기도하십시오. 하나님의 때가 이르렀을 때 하나님께서 주십니다. 방언의 은사를 받으면 너무 좋습니다. 사모함으로 기도하셔서 꼭 받으시기 바랍니다. 그러나 중요한 것은 방언 여부가 아니라 성령 안에서 삶의 변화와 하나님과의 관계입니다.

45. 부흥회나 수련회를 가면 뜨겁게 기도하고, 찬양하고, 눈물이 나게 되는데 그것이 성령 충만한 것인지 아니면 분위기와 주변 상황 때문에 흥분한 것인지 확신이 없습니다. 집회에서 진정으로 은혜를 받았다는 걸 어떻게 알 수 있을까요?

은혜는 감정을 통해 옵니다. 감정이 메마른 사람은 은혜 받기 어렵습니다. 그러나 은혜 받은 후 감정이 앞선 신앙생활을 하면 안 되고 늘 말씀이 앞선 순종의 삶을 살아야 합니다. 은혜 받았는지 안 받았는지를 확인하는 방법이 있습니다. 은혜를 받으면 성령이 충만하여져 기쁨, 평안, 확신, 감사, 행복이 있으며 삶이 달라집니다.

그러나 성령 충만은 계속 받아야 합니다. 에베소서 5장 18-20절에 "술 취하지 말라 이는 방탕한 것이니 오직 성령으로 충만함을 받으라 시와 찬송과 신령한 노래들로 서로 화답하며 너희의 마음으로 주께 노래하며 찬송하며 범사에 우리 주 예수 그리스도의 이름으로 항상 아버지 하나님께 감사하며"라고 말씀합니다. 시와 찬송과 신령한 노래들로 서로 화답하며, 마음으로 주께 노래하고 찬송하며, 범사에 아버지 하나님께 감사하는 것이 성령 충만 받은 사람의 모습입니다.

생선이 있는 곳에 파리가 모여들듯이 은혜를 받고 나면 사단의 역사가 있습니다. 은혜 받는 것도 중요하지만 그 은혜를 잘 간직하는 것도 중요합니다. 히브리서 4장 16절에 "그러므로 우리는 긍휼하심을 받고 때를 따라 돕는 은혜를 얻기 위하여 은혜의 보좌 앞에 담대히 나아갈 것이니라"라고 했습니다. 더 큰 은혜를 사모하며 예배의 자리, 기도의 자리, 봉사의 자리에 있으면 계속된 하나님의 은혜 속에 살게 될 것이고 그런 삶이 변화된 성령 충만한 삶입니다.

46. 하나님의 응답을 들었다는 분들이 부럽습니다. 저도 하나님의 음성을 듣고 싶은데 어떻게 해야 할까요? 열심히 기도하면 언젠간 응답을 받을 수 있을까요?

요한복음 1장 12절에 "영접하는 자 곧 그 이름을 믿는 자들에게는 하나님의 자녀가 되는 권세를 주셨으니" 예수님을 믿으면 우리는 하나님의 자녀가 됩니다. 그러니까 예수님을 믿는 순간에 하나님은 우리 아버지가 되고 우리는 자녀가 됩니다. 자녀가 아버지의 음성을 듣는 것은 아주 자연스러운 일이 됩니다. 하나님의 음성은 다양한 방법으로 들려주십니다. 다메섹 도상에서 사울이 주님의 음성을 듣게 되었던 것처럼 소리로 말씀하시는 경우가 있습니다. 또 문자로 된 말씀을 통해 들려주실 때도 있습니다. 가장 좋은 하나님의 음성을 듣는 방법은 예배시간에 목사님을 통해 선포되어지는 말씀을 듣는 시간입니다.

데살로니가 교회를 보면 사랑의 수고, 소망의 인내, 믿음의 역사가 있어서 모든 믿는 사람들에게 본이 되는 소문난 교회였습니다. 그 비결은 하나님의 말씀을 들을 때 사람의 말로 듣지 아니하고 하나님의 말씀으로 받았기 때문이었습니다. 목사님을 통해 선포되는 말씀을 하나님께서 들려주시는 음성으로 들으십시오. 또한, 환경적으로 음성을 들려주시기도 합니다. 때때로 아닌 길에는 하나님이 막으셔서 말씀하십니다.

바울이 아시아 사람들에게 복음을 전하러 가려 했을 때 마게도냐 사람들이 나타나 '우리를 도우라'는 환상으로 바울의 길을 마게도냐, 즉 유럽을 향해 복음을 전파하게 만드십니다. 이렇게 환경적으로도 음성을 들려주십니다. 또한 우리 마음에 음성을 들려주시기도 합니다. 하나님의 음성을 듣는 것보다 더 중요한 것은 음성을 듣고 순종하는 것입니다.

47. 꼭 성경을 많이 읽어야만 하나요? 그냥 주님을 잘 믿고 예배에 충실하면 되지 않을까요?

요한계시록 1장 3절에 “이 예언의 말씀을 읽는 자와 듣는 자와 그 가운데에 기록한 것을 지키는 자는 복이 있나니 때가 가까움이라” 라고 되어 있습니다. 복 있는 사람이 되려면 듣는 것도 소중하지만 읽는 자가 되어야 하고 그것보다 더 축복된 것은 지켜 행하는 자가 되어야 합니다. 요한복음 1장 1절에 “태초에 말씀이 계시니라 이 말씀이 하나님과 함께 계셨으니 이 말씀은 곧 하나님이시니라”라고 기록되어 있습니다. 말씀을 가까이 하는 것은 하나님을 가까이 하는 것이고, 말씀을 사모하는 것은 하나님을 사모하는 것입니다. 신앙생활은 말씀을 떠나서는 생각할 수 없습니다. 말씀은 양식입니다. 먹어야 살 수 있습니다.

신명기 8장 3절에 “…사람이 떡으로만 사는 것이 아니요 여호와의 입에서 나오는 모든 말씀으로 사는 줄을 네가 알게 하려 하심이니라”, 에베소서 6장 17절에 “구원의 투구와 성령의 검 곧 하나님의 말씀을 가지라”라고 하십니다. 말씀은 무기입니다. 무기를 사용하면 사단이 떠나가는 역사가 일어납니다.

시편 119편 105절에서 기자는 “주의 말씀은 내 발에 등이요 내 길에 빛이니이다”라고 고백합니다. 말씀은 등불입니다. 말씀 중심으로 살면 절대로 방향을 잃어버리지 않습니다. 말씀은 불방망이라는 표현도 있습니다. 말씀의 은혜가 임해야 우리의 아집, 고집, 자존심이 깨어지고 우리 속에 있는 더러운 것들이 태워지는 은혜의 역사가 있습니다.

히브리서 4장 12절에 “하나님의 말씀은 살아 있고 활력이 있어 좌우에 날선 어떤 검보다도 예리하여 혼과 영과 및 관절과 골수를 찔러 쪼개기까지 하며 또 마음의 생각과 뜻을 판단하시나니”, 디모데후서 3장 16절에 “모든 성경은 하나님의 감동으로 된 것으로 교훈과 책망과 바르게 함과 의로 교육하기에 유익하니”라고 기록되어 있습니다.

말씀을 통해 부어주시는 은혜는 너무 큽니다. 말씀은 듣기도 사모하고, 읽기도 사모하십시오. 다 이해되지 않는다고 할지라도 어느 순간 우리의 심장에 잘 박힌 못처럼 어느 한 구절이 우리 신앙의 모습을 180도 달라지게 하는 은혜와 능력이 됩니다.

48. 작은 일조차 불평이 앞서는 습관을 어떻게 고칠 수 있을까요?

먼저 불평이 어떤 결과를 초래하는지를 알아야 합니다. 불평하는 습관은 전염성이 아주 강합니다. 평상시에 불평을 하지 않던 사람도 불평을 일삼는 사람들 틈에 들어가면 자기도 모르는 사이에 불평하게 됩니다. 그만큼 불평이 가지고 있는 전염성이 큰 것입니다.

이스라엘이 가나안을 점령하기 전에 먼저 12명의 정탐꾼을 뽑아 그 땅을 정탐하게 했는데 그중에 10명이 가나안 땅에 대해서 혹평했습니다. 그 불평은 이스라엘 전체에 퍼져 나갔고, 이스라엘은 밤새도록 통곡하며 차라리 광야에서 죽는 것이 좋겠다고 했습니다. 결과는 그들이 말한 대로 광야를 돌다가 다 죽었습니다. 원망, 불평은 죽을 때까지 잘 고쳐지지 않는 난치병 가운데 하나입니다. 원망, 불평을 입에 달고 사는 사람은 아마 천국에 데려다 놓아도 불평할 것입니다.

불평은 마귀가 좋아하는 일입니다. 불평은 어떻게 고칠 수 있을까요? 범사에 감사해야 합니다. '범사에' 라는 말은 헬라어로 '엔 판티' 라고 하는데 '어떤 형편에서든지, 모든 일에, 무슨 일이 일어나도' 감사하라는 것입니다. 잘될 때뿐만 아니라, 형통할 때뿐만 아니라, 축복을 받았을 때뿐만 아니라, 문제가 잘 풀리지 않고 자꾸 꼬여도 감사하라는 것입니다. 사업이 잘 풀리지 않아도 감사하라는 것입니다. 사고가 생겨도 감사하라는 것입니다. 몸이 건강하지 않아도 감사하라는 것입니다. 생각을 조금만 바꾸면 우리는 어떤 상황과 어떤 환경 속에서도 감사할 수 있고, 찬송할 수 있습니다.

요나를 보십시오. 물고기 뱃속에서 감사합니다. 다니엘을 보십시오. 사자굴에 던져질 상황에서도 감사하며 기도합니다. 바울과 실라를 보십시오. 빌립보 감옥에서 찬송하며 기도합니다. 어떻게 되었습니까? 기적이 일어났습니다. 물고기가 요나를 소화시키지 못하고 육지에 토해냅니다. 사자굴에 던져졌으나 몸 하나 상하지 않았습니다. 옥 터가 흔들리더니 옥문이 열리고 매였던 쇠사슬이 풀어졌습니다.

감사는 기적을 창조하는 놀라운 힘입니다. 물은 샘에서 솟아나고, 금은 금광에서 나오고, 전기는 발전소에서 나오듯이 기적은 감사에서 나옵니다. 무조건 감사하십시오. 범사에 감사하십시오. 환난 중에도 감사하십시오. 기적이 일어날 것입니다. 감사가 있는 곳에 불평은 사라집니다.

49. 우리가 그리스도 안에서 잘 성장하고 있는지 판단할 수 있는 지표는 어떤 것들이 있나요?

영적으로 성장하고 있는 사람들은 하나님과 깊은 교제 속에 지속적인 변화를 경험합니다. 데살로니가전서 5장 16-18절에 "항상 기뻐하라 쉬지 말고 기도하라 범사에 감사하라 이것이 그리스도 예수 안에서 너희를 향하신 하나님의 뜻이니라"라고 말씀합니다. 항상 기뻐하고, 쉬지 않고 기도하고, 범사에 감사하며 사는 사람은 신앙이 건강하게 잘 성장하고 있는 것입니다.

고린도전서 13장 11절에는 "내가 어렸을 때에는 말하는 것이 어린 아이와 같고 깨닫는 것이 어린 아이와 같고 생각하는 것이 어린 아이와 같다가 장성한 사람이 되어서는 어린 아이의 일을 버렸노라"라고 하십니다. 장성한 사람은 어린 아이의 일을 버립니다. 자기 중심의 신앙생활에서 하나님 중심의 신앙생활을 하게 됩니다.

고린도전서 10장 31절에서는 "그런즉 너희가 먹든지 마시든지 무엇을 하든지 다 하나님의 영광을 위하여 하라"라고 합니다. 무엇을 하든지 하나님의 영광을 위하여 하는 사람은 성장하고 있는 사람입니다. 로마서 14장 8-9절에서 바울은 "우리가 살아도 주를 위하여 살고 죽어도 주를 위하여 죽나니 그러므로 사나 죽으나 우리가 주의 것이로다 이를 위하여 그리스도께서 죽었다가 다시 살아나셨으니 곧 죽은 자와 산 자의 주가 되려 하심이라"라고 고백하고 있습니다.

사나 죽으나 주를 위하여 사는 사람은 성장하고 있는 사람입니다. 그뿐만 아니라 하나님으로 인하여 기뻐하는 삶을 삽니다. 깨어 있어 기도하는 삶을 삽니다. 섬기는 삶을 삽니다.

50. 진정한 회개란 무엇일까요?

잠언 28장 13절에 "자기의 죄를 숨기는 자는 형통하지 못하나 죄를 자복하고 버리는 자는 불쌍히 여김을 받으리라", 요한1서 1장 9절에 "만일 우리가 우리 죄를 자백하면 그는 미쁘시고 의로우사 우리 죄를 사하시며 우리를 모든 불의에서 깨끗하게 하실 것이요", 시편 103편 12절에 "동이 서에서 먼 것같이 우리의 죄과를 우리에게서 멀리 옮기셨으며", 이사야 43장 25절에 "나 곧 나는 나를 위하여 네 허물을 도말하는 자니 네 죄를 기억하지 아니하리라"라고 합니다.

회개하면 불쌍히 여김을 받습니다. 죄를 사하시고 깨끗하게 하십니다. 죄를 멀리 옮겨 주십니다. 허물을 도말하시고 기억하지 않으십니다. 신앙생활 잘할 수 있는 비결은 회개 잘하는 것입니다.

다윗을 보십시오. 밧세바와 죄를 저지른 후 나단 선지자의 책망을 받고 진정한 회개의 기도를 드립니다. "하나님이여 주의 인자를 따라 내게 은혜를 베푸시며 주의 많은 긍휼을 따라 내 죄과를 지워 주소서"(시 51:1).

탕자를 보십시오. 아버지의 재산을 탕진한 후, 자신의 잘못을 깨닫고 아버지께 돌아가기를 결심합니다. "아버지, 내가 하늘과 아버지께 죄를 지었사오니 지금부터는 아버지의 아들이라 일컬음을 감당하지 못하겠나이다 나를 품꾼의 하나로 보소서"(눅 15:18-19).

삭개오를 보십시오. 예수님 만나고 변화됩니다. 토색한 것 네 배로 갚아줍니다. 자기 소유를 팔아서 가난한 사람들에게 나누어 줍니다. 하나님과의 관계가 회복되자 이웃과의 관계가 회복된 것입니다.

이것이 하나님이 원하시는 십자가의 삶입니다. 이것이 진정한 회개한 자의 삶입니다. 그래서 세례 요한이 마태복음 3장 8절에 "회개에 합당한 열매를 맺으라"라고 했습니다. 진정한 회개는 하나님과의 관계를 회복하는 중요한 과정입니다. 이를 통해 하나님과 더 깊은 교제를 나누고, 그의 뜻에 따라 살아가게 됩니다.

51. 출애굽 한 이스라엘 백성들이 광야에서 원망하다가 죽었는데, 그러면 하나님이 기뻐하시는 것이 감사인가요?

원망하고 불평하는 것은 하나님이 가장 싫어하십니다. 그래서 하나님은 원망하는 자를 쓰지 않으십니다. 원망하는 자를 심판하십니다. 원망하고 불평하면서 잘된 사람은 한 사람도 없습니다. 원망하다가 망했습니다. 원망하다가 죽었습니다. 그래서 고린도전서 10장 10절에 "어떤 사람들이 원망하다가 멸망시키는 자에게 멸망하였나니 너희는 그들과 같이 원망하지 말라"라고 하셨습니다.

그러나 반면에 하나님이 가장 기뻐하시는 것이 있습니다. 감사입니다. 그래서 시편 50편 23절에 "감사로 제사를 드리는 자가 나를 영화롭게 하나니 그의 행위를 옳게 하는 자에게 내가 하나님의 구원을 보이리라"고 하셨습니다. 하나님이 받으시는 최고의 예배는 감사입니다.

요나가 물고기 뱃속에서 감사할 때 물고기가 소화시키지 못하고 토해냈습니다. 다니엘이 사자굴에 던져질 것을 알고도 감사했을 때 사자굴에 던져졌으나 몸 하나 상하지 않았습니다. 바울과 실라가 빌립보 감옥에서 감사했을 때 옥 터가 흔들리고 옥문이 열리고 쇠사슬이 풀어지는 역사가 일어났습니다. 감사가 능력입니다. 감사가 축복입니다. 상황이 문제가 아닙니다. 여러분의 입에서 원망이 나오면 죽고, 감사가 나오면 삽니다.

그러므로 어떤 상황 속에서도 원망하지 않기로 결단하십시오. 어떤 상황 속에서도 하나님을 신뢰하고, 합력해서 선을 이루실 은혜를 기대하며 살기로 결단하십시오. 믿음으로 하나님의 구원을 바라보며, 믿음으로 하나님의 구원을 선포하며 살기로 결단하십시오. 그래서 믿음대로 더 좋게 하시고, 더 복되게 하시는 하나님의 사랑과 은혜를 풍성히 체험하며 사십시오.

52. 감당하기 힘든 고통의 문제 앞에서 신앙인으로서 어떻게 하는 것이 믿음으로 사는 것일까요?

시편 84편 6절에 "그들이 눈물 골짜기로 지나갈 때에 그곳에 많은 샘이 있을 것이며 이른 비가 복을 채워 주나이다"라는 말씀이 있습니다. 눈물 골짜기란 눈물을 흘리며 가는 눈물의 장소를 의미합니다. 인생에는 원치 않는 일들이 많이 일어납니다. 때로는 실패를 경험하기도 하고, 절망에 처하기도 합니다. 눈물 골짜기는 반드시 통과해야 합니다. 눈물 골짜기를 통과하려면 어떻게 해야 할까요? 기도해야 합니다.

애굽에서 이스라엘 백성들이 고통 중에 부르짖어 기도합니다. 하나님이 들으시고 모세를 통해 구원하십니다. 히스기야 왕이 사형선고를 받고 눈물로 기도합니다. 하나님이 "내가 네 기도를 들었고 네 눈물을 보았노라" 하시며 15년을 더 살게 하십니다. 한나가 통곡하며 기도하자 하나님이 들으시고 사무엘을 주십니다. 기도하면 하나님이 들으십니다. 도와주십니다. 역사하십니다.

눈물 골짜기를 지나고 계십니까? 여러분을 아프게 하는 문제가 무엇입니까? 육체적인 질병입니까? 경제적인 어려움입니까? 자녀 문제입니까? 그것은 하나님 앞에 기도하라는 신호입니다. 여러분, 적극적으로 하나님을 찾아 기도할 때가 언제였습니까? 눈물의 골짜기를 지날 때였습니다. 사람이 등 따뜻하고 배부르고 평안하면 하나님을 잊어버리기 쉽습니다. 그러나 눈물 골짜기에 있을 때는 다릅니다. 하나님을 찾습니다.

탕자가 그랬습니다. 가진 것이 있을 때는 허랑방탕하게 자기 좋을 대로 살았습니다. 그러나 눈물의 골짜기에서 아버지 집을 생각합니다. 품꾼의 하나로 써 주기를 바라며 아버지께 돌아옵니다.

야곱도 그랬습니다. 밧단 아람을 떠나서 금의환향을 합니다. 거부가 되어 돌아옵니다. 그러나 형 에서가 400명을 이끌고 자기를 맞이하기 위해서 온다는 소식을 듣게 되었을 때 야곱이 어떻게 합니까? 얍복강에 홀로 남아 하나님의 사자를 붙들고 밤새도록 씨름합니다. '하나님 도와주세요. 제힘으로 이 문제를 해결할 수가 없어요. 주님이 축복하실 때까지 저는 이 손을 놓을 수 없어요.' 그날 밤 야곱은 영적인 이스라엘이 되었습니다. 형 에서와의 문제도 해결 받았습니다.

기도의 힘은 위대합니다. 기도는 인간의 상상을 초월합니다. 눈물 골짜기를 지날 때 하나님께 기도하십시오. 그래서 눈물 골짜기로 많은 샘이 되게 하십시오.

53. 하나님은 기도를 들으시는 분이라고 설교를 들었는데, 아무리 기도해도 환경이 그대로입니다. 기도가 무엇인가요? 어떤 기도를 드려야 하나요?

주님이 우리를 찾아오시는 은혜의 통로가 기도입니다. 우리가 험악한 세상을 살아가면서도 희망을 놓지 않는 이유는 기도할 수 있기 때문입니다. 기도는 하나님의 자녀가 가진 가장 강력한 무기입니다. 기도는 인간의 무능과 하나님의 전능이 연결되는 고리입니다.

"환난 날에 나를 부르라 내가 너를 건지리니 네가 나를 영화롭게 하리로다"(시 50:15), "너는 내게 부르짖으라 내가 네게 응답하겠고 네가 알지 못하는 크고 은밀한 일을 네게 보이리라"(렘 33:3)고 말씀하셨습니다.

지금은 컴퓨터 시대입니다. 클릭하면 원하는 정보가 금방 튀어나옵니다. 이러한 영향 때문에 기도하고 나서 기다릴 줄을 모릅니다. 기도하면 즉각적으로 응답이 와야 하는데 응답이 더디니까 기도에 대한 회의가 생깁니다. 정말 하나님이 살아계실까? 기도가 정말 필요할까? 기도의 본질은 정보의 획득이 아닙니다. 하나님과의 대화입니다.

기도란 고민거리를 없애는 것이 아니라 고민을 없애는 것입니다. 예수님이 기도하셨지만 고민거리, 걱정거리는 여전히 그대로 있었습니다. 상황은 변한 것이 하나도 없습니다. 마음이 바뀐 것입니다. 기도하던 중에 고민도 사라지고, 걱정도 사라지고, 슬픔도 사라지고, 믿음의 용기가 생긴 것입니다. 이것이 기도의 효과입니다.

한나를 보십시오. 기도하기 전에는 울고, 먹지도 않고, 마음이 괴로웠던 사람입니다. 그러나 기도 후에 달라졌습니다. 기도하고 돌아와서 음식을 먹었습니다. 얼굴에 근심 빛이 사라졌습니다. 기도는 우리를 근심으로부터 자유롭게 합니다. 염려로부터 자유롭게 합니다. 한나가 기도하고 돌아오니 그를 괴롭히던 브닌나가 변해 있었던 것이 아닙니다. 없던 아들이 바로 생긴 것도 아닙니다. 문제가 여전히 있는데도 기도하고 나니 내가 달라진 것입니다.

기도의 능력은 내가 달라지는 것입니다. 내가 달라지니 상황도 달라지고, 문제도 해결되었습니다. 상황을 바꾸려고 하지 마십시오. 나를 바꾸십시오. 나의 필요만을 구하지 마십시오. 하나님의 뜻이 나를 통해 이루어지도록 기도하십시오.

신앙 고민

54. 친구 아버지께서 병원에서 하나님을 영접하게 되셨습니다. 그런데 건강이 너무 안 좋아지셔서 세례를 받지 못하고 소천하셨습니다. 반드시 세례를 받아야 천국에 가는 건가요?

그런 경우가 많이 있습니다. 임종 직전에 예수 믿고 구원 받는 분들도 있습니다. 예수 믿으면 구원 받습니다. 세례를 받아야 구원 받는 것은 아닙니다. 세례는 구원 받은 사람들이 그 표징으로 받는 것입니다. 세례가 구원의 조건은 아닙니다. 구원의 조건은 믿음입니다. 예수 그리스도를 믿어야 구원 받습니다. 그래서 로마서 1장 17절에 "오직 의인은 믿음으로 말미암아 살리라"라고 하셨습니다. 요한복음 3장 16절에 "하나님이 세상을 이처럼 사랑하사 독생자를 주셨으니

이는 그를 믿는 자마다 멸망하지 않고 영생을 얻게 하려 하심이라", 요한복음 1장 12절에 "영접하는 자 곧 그 이름을 믿는 자들에게는 하나님의 자녀가 되는 권세를 주셨으니", 사도행전 16장 31절에 "주 예수를 믿으라 그리하면 너와 네 집이 구원을 받으리라", 에베소서 2장 8절에 "너희가 믿음으로 말미암아 구원을 얻었나니 이것이 너희에게서 난 것이 아니요 하나님의 선물이라"라고 하셨습니다.

구원은 하나님의 은혜로 믿음을 통해 이루어집니다. 구원은 우리의 행위나 의식으로 얻어지는 것이 아니라 하나님의 선물입니다. 누가복음 23장에 나오는 예수님과 함께 십자가에 달린 강도는 세례를 받을 기회가 없었지만, 예수님은 그가 천국에 갈 것이라고 말씀하셨습니다. 이는 세례가 구원의 필수 조건이 아님을 보여줍니다. 친구 아버지께서 병원에서 하나님을 영접하셨다면, 세례를 받지 못하셨어도 구원의 약속을 믿을 수 있습니다.

55. 저희 친척이 독실한 천주교 신자입니다. 하나님을 믿는 것 같은데 그분도 구원 받을 수 있을까요?

유대교도 하나님을 믿고, 이슬람교도 하나님을 믿습니다. 같은 하나님 믿는다고 다 구원 받는 것은 아닙니다. 성경을 보면 아버지의 뜻대로 행하는 자라야 들어간다고 말씀하십니다. 아버지의 뜻은 사람들이 예수님을 믿고 영생을 얻는 것입니다. 성경 66권은 하나님의 구원 역사입니다. 예수님을 통한 구원 역사입니다. 그러므로 예수님 외에 구원 얻을 다른 이름을 우리에게 주시지 않았습니다. 사도행전 4장 12절에서는 "다른 이로써는 구원을 받을 수 없나니 천하 사람 중에 구원을 받을 만한 다른 이름을 우리에게 주신 일이 없음이라 하였더라"라고 말씀합니다.

천주교에서는 행함으로 구원 받는다는 이행득구를 가르치지만, 기독교는 믿음으로 의롭다 함을 받는다는 이신득의를 가르칩니다. 성경에는 '행함으로 구원 얻을 육체는 하나도 없다. 오직 예수 그리스도를 믿음으로 말미암아 구원 받는다'라는 말씀이 수없이 소개됩니다.

"하나님이 세상을 이처럼 사랑하사 독생자를 주셨으니 이는 그를 믿는 자마다 멸망하지 않고 영생을 얻게 하려 하심이라"(요 3:16). "영접하는 자 곧 그 이름을 믿는 자들에게는 하나님의 자녀가 되는 권세를 주셨으니"(요 1:12), "주 예수를 믿으라 그리하면 너와 네 집이 구원을 받으리라"(행 16:31), "복음에는 하나님의 의가 나타나서 믿음으로 믿음에 이르게 하나니 기록된 바 오직 의인은 믿음으로 말미암아 살리라"(롬 1:17).

주님이 기뻐하시는 것은 믿음이며 그 믿음이 구원의 조건이 됩니다. 예수 믿어야 구원 받을 수 있습니다.

천주교 신자들도 예수 그리스도를 개인의 구주로 믿고 고백한다면 구원을 받을 수 있습니다. 구원에 관한 신학적 입장은 다를 수 있지만 하나님께서 각 사람의 마음과 믿음을 보고 판단하십니다. 개개인의 구원 여부는 오직 하나님께서 아시는 일입니다. 중요한 것은 예수 그리스도를 믿고 그분의 가르침을 따르며 사는 것입니다.

56. 믿음 좋은 집사님 아들이 이제 겨우 고등학생인데 세상을 떠났어요. 그 가정을 보면 시험이 들기도 하네요. 믿음의 집안이 왜 이런 큰 환난을 겪어야 하나요? 또 어떻게 해야 그 순간을 견뎌낼 수 있을까요?

가슴 아픈 일이네요. 우리 삶속에는 이해할 수 없는 사건들이 많이 있습니다. 욥을 보십시오. 그는 동방의 의인이었습니다. 하나님을 경외하는 자였습니다. 하나님이 칭찬하실 정도로 믿음이 좋았던 사람입니다. 그런데 그런 욥에게 혹독한 시련을 허락하십니다.

우리는 하나님이 하시는 일을 다 알 수 없습니다. 그런데 많은 경우 시간이 흐른 후에 알게 됩니다. 요셉의 경우를 보십시오. 형제들에게 미움을 사 노예로 팔려갑니다. 애굽의 보디발 장군의 집에서 종살이 하다 누명쓰고 감옥에 갇힙니다. 요셉에게 꿈을 꾸게 하신 하나님이 왜 그렇게 하시는지 도저히 이해가 안 됩니다. 그러나 요셉이 애굽의 총리가 되고, 꿈대로 되는 모습을 보면서 왜 하나님이 그렇게 하셨는지 하나님의 섭리를 깨닫게 됩니다.

하나님께서 출애굽 한 이스라엘 백성들을 빠른 길인 블레셋 땅으로 인도하지 않으시고 돌아가는 길, 홍해 길로 인도하셨습니다. 거기에도 하나님의 뜻이 있었습니다. 블레셋 사람들과 전쟁을 하게 되면 다시 애굽으로 돌아갈까 봐서 하나님께서 홍해 길로 인도하신 것입니다. 앞은 홍해가 가로막고 있고 뒤에서는 애굽 군대가 추격해 오는 급박한 위기 상황을 허락하신 것에도 하나님의 뜻이 있었습니다. 애굽의 바로를 벌하시고 영광을 얻으시기 위함이었습니다(출 14:4). 그래서 바로의 마음을 강퍅하게 하셔서 추격하게 하십니다. 그리고 홍해에서 애굽 군대를 수장시켜 버리십니다.

하나님의 뜻을 모르면 이스라엘 백성들처럼 보이는 상황만 보며 심히 두려워하고 원망하게 됩니다. 좌절하고 절망하게 됩니다. 그러나 하나님의 뜻을 알았던 모세는 담대했습니다. "너희는 가만히 서서 하나님의 구원을 보라"고 하나님의 구원을 외칠 수 있었습니다.

"환난 날에 나를 부르라 내가 너를 건지리니 네가 나를 영화롭게 하리로다"(시 50:15).

57. 신앙 생활하면서 가장 많이 듣는 단어가 믿음이란 말인데요. 주님께서 말씀하시는 믿음이 무엇인지 알기 쉽게 설명해 주세요.

히브리서 11장 6절에 "믿음이 없이는 하나님을 기쁘시게 하지 못하나니 하나님께 나아가는 자는 반드시 그가 계신 것과 또한 그가 자기를 찾는 자들에게 상 주시는 이심을 믿어야 할지니라" 믿음이 없이는 하나님을 기쁘시게 할 수 없습니다. 주님은 우리의 믿음을 보시고 복 주십니다.

소경 바디매오의 믿음을 보시고, 열두 해 동안 혈루증을 앓던 여인의 믿음을 보시고, 수로보니게 여인의 믿음을 보시고 "네 믿음이 크도다. 네 믿음대로 될지어다. 네 믿음이 크도다. 네 소원대로 되리라"라고 하셨습니다. 그 순간 그들의 문제가 다 해결되었습니다.

믿음을 잘 정의하고 있는 구절이 히브리서 11장 1절입니다. "믿음은 바라는 것들의 실상이요 보이지 않는 것들의 증거니." 누가 바라느냐가 중요합니다. 내가 바라는 것은 믿음이 아니고 신념입니다. 하나님이 바라시는 것을 바라는 것, 하나님이 계획하시는 것, 하나님이 목적하시는 것, 하나님이 기뻐하시고, 소원하는 것을 바라는 것이 믿음입니다. 신념은 내가 중심이 되어 있지만, 믿음은 철저하게 하나님이 중심이 되어 있습니다.

어떤 신학생이 금식을 했습니다. 그리고 자기도 베드로처럼 물 위를 걸을 수 있을 거란 확신이 생겨 물위를 걸어보다가 빠져 죽을 뻔했다는 이야기가 있습니다. 베드로는 예수님이 "오라" 하고 명하셔서 물위를 걸었습니다. 그러나 신학생은 자기 스스로 걸을 수 있겠다고 생각한 신념이었습니다.

믿음은 말씀에 근거한 것입니다. 백부장의 믿음을 예수님이 칭찬하셨던 이유는 "말씀만 하옵소서. 그리하면 내 하인이 낫겠나이다"라는 고백 때문이었습니다. 시공간을 초월하여 주님 말씀 한마디면 역사가 일어날 것을 믿었던 그 믿음을 보시고 주님이 "이스라엘에서 내가 이만한 믿음을 보지 못했다" 하시고 기적을 베푸십니다.

하나님이 바라는 것을 바라는 것이 믿음입니다. 하나님 말씀에 순종하는 것이 믿음입니다. 믿음은 단순히 지적인 동의가 아니라, 삶 속에서 하나님의 신실하심을 신뢰하고 그분의 말씀에 따라 살아가는 것입니다. 믿음은 하나님과의 관계를 통해 더욱 깊어지고, 그분의 인도하심을 따르며 순종하는 삶을 통해 증명되는 것입니다.

58. 서원 기도를 했는데 지키지 못했어요. 이럴 땐 어떻게 하는 게 좋을까요?

전도서 5장 4-6절에 “네가 하나님께 서원하였거든 갚기를 더디게 하지 말라 하나님은 우매한 자들을 기뻐하지 아니하시나니 서원한 것을 갚으라 서원하고 갚지 아니하는 것보다 서원하지 아니하는 것이 더 나으니 네 입으로 네 육체가 범죄하게 하지 말라 천사 앞에서 내가 서원한 것이 실수라고 말하지 말라 어찌 하나님께서 네 목소리로 말미암아 진노하사 네 손으로 한 것을 멸하시게 하랴”라고 말씀합니다. 즉 서원했으면 갚으라고 하십니다. 갚기를 더디게 하지 말라고 하십니다. 서원한 것을 실수라고 말하지 말라고 하십니다. 서원한 것을 지키지 못하면 하나님이 진노하사 멸하신다고 하십니다.

서원을 지키지 못했다면 하나님께 진심으로 회개하고 용서를 구하십시오. 서원을 지키지 못한 것에 대해 하나님께 솔직하게 말씀드리고, 다시는 같은 실수를 반복하지 않겠다고 다짐하십시오. 서원이 다른 사람에게 영향을 미치는 것이라면, 그들에게도 진심으로 사과하고 필요한 조치를 취하십시오.

그리고 가난하여 서원을 지킬 수 없을 때는 이렇게 하십시오. 레위기 27장 8절에 “그러나 서원자가 가난하여 네가 정한 값을 감당하지 못하겠으면 그를 제사장 앞으로 데리고 갈 것이요 제사장은 그 값을 정하되 그 서원자의 형편대로 값을 정할지니라"라고 기록되어 있습니다. 담임 목회자에게 찾아가셔서 상황을 말씀드리고 형편대로 다시 값을 정하십시오. 서원을 지키지 못한 것에 대해 자책하는 대신 하나님의 은혜를 구하십시오. 하나님은 우리의 연약함을 아시고 용서하시는 분임을 기억하십시오.

59. 하나님을 잘 믿으면 복을 많이 받는다고 하는데 교회에서 봉사도 열심히 하고 순종하려 노력해도 왜 이렇게 경제적으로 궁핍한 걸까요?

신명기 15장 4-5절에 "네가 만일 네 하나님 여호와의 말씀만 듣고 내가 오늘 네게 내리는 그 명령을 다 지켜 행하면 네 하나님 여호와께서 네게 기업으로 주신 땅에서 네가 반드시 복을 받으리니 너희 중에 가난한 자가 없으리라" 말씀대로 순종하면서 믿음생활 잘하면 반드시 복 받습니다. 그러나 중요한 것은 잘 믿는 기준인데 내가 볼 때 잘 믿는 것과 하나님 보실 때 잘 믿는 것은 다릅니다.

마태복음 7장 21-23절에 "나더러 주여 주여 하는 자마다 다 천국에 들어갈 것이 아니요 다만 하늘에 계신 내 아버지의 뜻대로 행하는 자라야 들어가리라 그 날에 많은 사람이 나더러 이르되 주여 주여 우리가 주의 이름으로 선지자 노릇 하며 주의 이름으로 귀신을 쫓아 내며 주의 이름으로 많은 권능을 행하지 아니하였나이까 하리니 그 때에 내가 그들에게 밝히 말하되 내가 너희를 도무지 알지 못하니 불법을 행하는 자들아 내게서 떠나가라 하리라"라고 말씀합니다. 하나님께 인정받는 것이 진정한 복입니다. 그러면 복이 무엇일까요? 일반적으로 생각하는 사람들의 복의 개념과 성경적 복의 개념은 다릅니다. 현상적으로 나타나 보이는 물질적인 복이 없다고, 하나님께 복을 받지 못했다고 오해하면 안 됩니다. 하나님은 시련을 통해 우리의 믿음을 성장시키시고 강화시키십니다. 또한 분명히 잘 믿으면 복을 주시는데 하나님이 부어주시는 때가 있습니다.

갈라디아서 6장 9절에 "우리가 선을 행하되 낙심하지 말지니 포기하지 아니하면 때가 이르매 거두리라" 하나님의 때를 믿고 기다리면 하나님께서 합당한 때에 아름다운 열매를 거두게 하십니다. 내 당대에 하나님의 복이 주어지지 않으면 내 자손 내 후손에게 그 복이 이어질 것입니다. 하나님은 분명히 예수 잘 믿으면 복 주시는 분이십니다.

60. 저는 모태신앙으로 자연스럽게 주님을 믿었습니다. 그런데 주변에 늦게 교회에 나와 구원의 확신을 뜨겁게 고백하는 분들을 보면

서 과연 내가 정말 구원 받은 걸까 고민이 됩니다. 예수님께서 우리를 위해 십자가에 못 박히신 것을 믿고 있지만, 교육에 의해서 습관적으로 믿는 것인지 정말 믿고 있는지 혼돈스러워요. 어떻게 해야 제 상태를 알 수 있을까요?

모태 신앙의 특징이 있습니다. '이것도 못해! 저것도 못해! 아무것도 못해!' 그래서 '못해 신앙'이라 합니다. 그러나 모태 신앙인들은 어렸을 때부터 부모님들을 따라 신앙생활을 하다 보니 커서도 주님을 부인하거나 주님을 떠나지 못한다는 아주 중요한 장점이 있습니다. 믿음의 저력이 있다는 것이지요. 문제는 주님을 깊이 만난 체험이 없다는 것입니다.

그러나 예수님이 나 때문에 십자가에 못 박혀 돌아가셨으며 주님이 나의 구주라고 믿어지는 사람은 구원 받은 것입니다. 고린도전서 12장 3절에 "성령으로 아니하고는 누구든지 예수를 주시라 할 수 없느니라"라고 했습니다. 구원에 대해 조금도 의심할 필요 없습니다. 그런데 갈등이 생기는 것은 좋은 현상이라 생각합니다.

누가복음 13장 30절에 "보라 나중 된 자로서 먼저 될 자도 있고 먼저 된 자로서 나중 될 자도 있느니라"라고 한 것처럼 신앙생활 오래했다는 경륜도 소중하지만 이제 신앙생활 시작했는데도 은혜 받고 성령 충만해서 하나님 사랑 혼자 다 받고 있는 것같이 생활하는 사람들을 보면 부러울 수 있습니다. 부럽다면 거룩한 욕심을 가지시길 바랍니다. 하나님은 살아계십니다. 하나님은 좋으신 분이십니다. 실수가 없으신 분이십니다. 가까이 하면 가까이 해주시고, 간절히 찾으면 만나 주시고, 부르짖어 기도하면 응답해 주시고, 사모하는 영혼 만족하게 채워 주시는 좋으신 분이십니다. 로마서 12장 11절에 "부지런하여 게으르지 말고 열심을 품고 주를 섬기라"라고 했습니다.

지금까지 부모님의 기도로 하나님의 은혜 속에 살아 왔다고 한다면 이제 본인이 주님 앞에 무릎 꿇어 기도하면 주님이 더 큰 사랑을 베풀어 주실 것입니다. 구주 예수 믿는 것 받은 증거 많다고 이것이 나의 간증이라고 주님을 찬송하며, 나의 나 된 것은 다 주님의 은혜로 되었다고 고백하며 살 수 있을 것입니다. 그런 은혜의 체험이 있으시길 바랍니다.

61. 죄를 자백하고 기도로써 회개한 다음에도 죄의 증거는 남아 있는 걸까요?

이사야 1장 18절에 "여호와께서 말씀하시되 오라 우리가 서로 변론하자 너희의 죄가 주홍 같을지라도 눈과 같이 희어질 것이요 진홍

같이 붉을지라도 양털같이 희게 되리라", 요한일서 1장 9절에 "만일 우리가 우리 죄를 자백하면 그는 미쁘시고 의로우사 우리 죄를 사하시며 우리를 모든 불의에서 깨끗하게 하실 것이요", 시편 103편 12절에 "동이 서에서 먼 것같이 우리의 죄과를 우리에게서 멀리 옮기셨으며", 이사야 43장 25절에 "나 곧 나는 나를 위하여 네 허물을 도말하는 자니 네 죄를 기억하지 아니하리라"라고 말씀합니다. 예수 그리스도의 피 공로 의지하고 주님 앞에 회개하고 죄를 자백했으면 주님의 보혈로 깨끗하게 다 씻겼습니다. 하나님이 다 도말하셨습니다. 하나님이 기억하지도 않으신다고 하셨습니다. 죄의 증거는 남지 않습니다. 그런데 사단이 다 용서받았는데도 불구하고 회개했던 것 다시 생각나게 해서 정죄합니다.

삼손은 가까이해선 안 될 여인을 가까이했다가 결국 머리털 깎이고 두 눈알 뽑히고 연자맷돌을 가는 신세가 되었습니다. 다윗은 우리야의 아내 밧세바를 취하고 우리야를 전쟁터에서 죽게 만들었다가 밧세바와의 사이에서 난 아이가 죽게 되는 고통을 겪습니다. 죄에는 고통이 따릅니다. 그러나 그 어떤 죄도 주님께 회개하면 다 용서 받습니다. 사단이 정죄할 때마다 '나는 이미 용서 받았다'라고 선포하십시오.

62. 각종 집회와 치유 사역들을 체험할 때 어디까지가 성령의 역사이고 어디서부터가 미혹하는 영의 장난인지 분별할 수 있는 기준을 알고 싶습니다.

요한일서 4장 1절에 “사랑하는 자들아 영을 다 믿지 말고 오직 영들이 하나님께 속하였나 분별하라 많은 거짓 선지자가 세상에 나왔음이라”라고 말씀합니다. 사도 요한은 영을 다 믿지 말고 시험하라고 했습니다. 말세에 그리스도인들이 꼭 기억해야 할 두 가지 영적 생활의 원칙이 있습니다.

① 영을 다 믿지 말아야 합니다. 왜 영을 다 믿지 말라고 하신 것입니까? 악한 영이 존재하기 때문입니다. 악한 영을 미혹의 영이라 합니다. 천사의 모습으로 나타나기 때문에 경계하지 않으면 그 덫에 걸려 넘어질 수 있습니다. ② 영들이 하나님께 속하였나 시험해 보아야 합니다. 과연 하나님의 말씀대로 이루어지고 있는 것인가? 하나님의 말씀으로 확인하는 일입니다.

그러면 하나님의 영은 어떻게 분별할 수 있는 것입니까? 악령은 미혹의 영이기 때문에 자기 분장을 잘합니다. 요한계시록 13장에는 거짓 선지자의 분장술이 나와 있습니다. 그 생김새는 새끼 양 같습니다. 하나님의 말씀도 있는 것 같고, 사랑의 모습도 보이며, 목자다운 면모도 보입니다. 그러나 그의 입에서 나오는 말은 하나님의 말씀인 것이 아니라 '어린 양같이 두 뿔이 있고 용처럼 말을 하더라'라고 했습니다(11절).

사단은 그리스도인들에게 모든 것을 속일 수 있습니다. 이적으로 속일 수 있고, 병 고치는 권능으로 속일 수 있습니다. 사랑의 모습으로 천사처럼 가장할 수도 있습니다. 그러나 속일 수 없는 결정적인 것이 있습니다. 그것은 그의 입에서 나오는 말입니다. 하나님의 말씀을 변질시킵니다. 그러므로 말씀으로 분별해야 합니다.

63. 하나님을 잘 믿으면 구원 받습니까?

기독교는 예수 그리스도를 우리를 구원하신 하나님의 아들이며, 결국 그분이 하나님이라고 믿는 것입니다. 그리스도교란 말을 한자로 기독교(基督敎)라고 번역한 것입니다. 여러분도 아시다시피 그리스도란 말은 헬라어로 구세주라는 말입니다. 히브리어로 구세주라는 의미를 가진 단어는 메시아입니다. 유대교에서 하나님은 오직 유일하신 하나님 한 분밖에 없고, 그 하나님을 '여호와 하나님'이라고 불렀습니다. 그리고 여호와 하나님을 믿는다고 합니다. 기독교에서도 여호와 하나님을 믿습니다.

그러면 유대교와 기독교의 차이는 무엇일까요? 유대교는 예수 그리스도를 하나님의 아들로 인정하지 않습니다. 하나님으로 인정하지 않습니다. 그러므로 하나님을 잘 믿는다고 구원받는 것이 아닙니다. 하나님이 예수 그리스도를 통해 구원 계획을 세우셨기에 예수 그리스도가 빠져 버리면 참된 여호와 하나님을 믿는 것이 아니기 때문입니다.

창세기 3장 15절 "내가 너로 여자와 원수가 되게 하고 네 후손도 여자의 후손과 원수가 되게 하리니 여자의 후손은 네 머리를 상하게 할 것이요 너는 그의 발꿈치를 상하게 할 것이니라"라는 말씀은 원시 복음입니다. 여자의 후손은 예수 그리스도입니다. 요한복음 3장 16절에 "하나님이 세상을 이처럼 사랑하사 독생자를 주셨으니 이는 그를 믿는 자마다 멸망하지 않고 영생을 얻게 하려 하심이라", 요한복음 5장 24절에 "내가 진실로 진실로 너희에게 이르노니 내 말을 듣고 또 나 보내신 이를 믿는 자는 영생을 얻었고 심판에 이르지 아니하나니 사망에서 생명으로 옮겼느니라", 요한복음 14장 6절에 "예수께서 이르시되 내가 곧 길이요 진리요 생명이니 나로 말미암지 않고는 아버지께로 올 자가 없느니라", 사도행전 4장 12절에 "다른 이로서는 구원을 받을 수 없나니 천하 사람에 구원을 받을 만한 다른 이름을 우리에게 주신 일이 없음이니라", 사도행전 16장 31절에 "주 예수를 믿으라 그리하면 너와 네 집이 구원을 얻으리라"라고 말씀하셨습니다. 그래서 우리가 믿는 종교를 하나님교, 유대교, 여호와교라고 하지 않고 기독교라고 하는 것입니다.

예수 그리스도를 통한 하나님의 구원 계획을 믿고 예수 그리스도를 구주로 믿으면 영생을 얻습니다. 그러므로 예수 그리스도를 믿고 영접한 믿음만이 구원의 믿음이 될 수 있습니다.

64. 출애굽 한 이스라엘 백성들이 광야에서 원망하다가 죽었는데, 원망이 그렇게 무서운 죄인가요? 어떻게 해야 다시 하나님의 긍휼을 얻을 수 있나요?

사람들은 모두 자기를 위해 살아 갑니다. 그리고 자기 틀 안에서 생각합니다. 그리고 자기들이 생각하고 기대한 대로 되지 않았을 때 원망합니다. 이스라엘 백성들이 그랬습니다. 만나만 먹으니까 기름 섞은 과자 맛처럼 질린다고 원망합니다. 마실 물이 없다고 원망합니다. 길 때문에 원망합니다. 원망이 끝이 없습니다.

민수기 21장을 보면 하나님께서 원망하는 백성들 가운데 불뱀을 보내어 물게 하십니다. 불뱀에 물려 죽는 사람이 많아지자 백성들이 모세를 찾아와 '우리가 원망함으로 범죄하였나이다'라고 고백합니다. 민수기 21장 7절에 "백성이 모세에게 이르러 말하되 우리가 여호와와 당신을 향하여 원망함으로 범죄하였사오니 여호와께 기도하여

이 뱀들을 우리에게서 떠나게 하소서"라고 기록되어 있습니다.

이것이 살 길입니다. 늦게라도 잘못을 인정하고 회개해야 살 길이 열립니다. 회개는 창피한 것이 아닙니다. 자존심 상하는 것도 아닙니다. 오히려 수치를 모면하는 길이요, 놀라운 하나님의 축복의 길로 나아가는 길입니다. 탕자가 회개하고 아버지께로 돌아오자 아들의 지위가 회복되고 아버지의 은혜 아래서 살게 되었습니다. 요나가 물고기 뱃속에서 회개하며 기도하자 물고기가 소화시키지 못하고 토해내 니느웨에서 하나님의 심판을 선포하게 되었습니다. 다윗 왕도 나단 선지자의 말을 듣고 죄를 회개하여 용서받았습니다.

이스라엘 백성들이 '우리가 원망함으로 범죄하였나이다' 회개하자 하나님께서 모세에게 놋으로 불뱀을 만들어 장대 위에 매달고, 물린 자마다 쳐다보면 살게 하셨습니다. 잠언 28장 13절에 "자기의 죄를 숨기는 자는 형통하지 못하나 죄를 자복하고 버리는 자는 불쌍히 여김을 받으리라"라고 했습니다. 그렇습니다. 죄를 숨기면 형통하지 못합니다. 죄를 자복하고 버려야 불쌍히 여김을 받습니다. 원망했던 것 회개하며 기도하시고, 불쌍히 여겨 주시는 주님의 은혜로 잃어버린 신앙도 회복하시고, 건강도 회복하십시오.

65. 친구가 신앙생활하면서 하나님이 계신 것은 믿는데, 자기가 너무 힘들어 하나님을 찾을 때는 하나님이 도와주지 않았다고 갈등하고

있어요. 어떻게 해야 할까요?

기도에는 반드시 응답이 있습니다. 즉각 응답하기도 하시고, 거절하기도 하시고, 기다리라고도 하시고, 다른 것을 주기도 하십니다. 사도 바울은 예수 그리스도의 위대한 사도였습니다. 신비한 영적인 체험도 했습니다. 셋째 하늘로 표현된 낙원, 천국으로 이끌려 올라갔습니다. 그곳에서 하나님의 음성을 직접 들었습니다. 천국의 놀라운 광경을 두 눈으로 직접 목격했습니다.

이렇게 신령한 체험을 했지만 그에게는 육체를 찌르는 가시가 있었습니다. 그래서 하나님께 간절히 기도합니다. 세 번이나 간절히 기도합니다. 그러나 하나님의 응답은 "내 은혜가 네게 족하도다 이는 내 능력이 약한 데서 온전하여짐이라 하신지라"였습니다(고후 12:9). 바울은 하나님의 음성을 듣고 가시가 오히려 유익을 준다는 사실을 깨닫습니다.

그래서 결론적으로 이렇게 고백합니다. "그러므로 내가 그리스도를 위하여 약한 것들과 능욕과 궁핍과 박해와 곤고를 기뻐하노니 이는 내가 약한 그 때에 강함이라"(고후 12:10). 바울은 오히려 가시를 기뻐합니다. 더 나아가 능욕도 궁핍도 박해도 곤고도 기뻐합니다. 약할 때 강해지는 비결을 알았기 때문입니다.

바울은 믿음으로 약함을 강함으로 바꿉니다. 고난은 누구에게나 있습니다. 그러나 고난 앞에서 어떤 태도를 취하느냐에 따라 인생의 모습이 달라집니다. 어떤 사람은 쉽게 낙심합니다. 쉽게 좌절합니다. 그러면 낙오자가 될 수밖에 없습니다. 사도 바울처럼 믿음으로 약함을 강함으로 바꾸십시오.

66. 제 삶에 예기치 않았던 원치 않는 일들이 많이 일어납니다. 그래서 낙심이 되고 눈물 그칠 날이 없습니다. 하나님에 대한 믿음마저 흔들립니다. 어떻게 하면 좋을까요?

시편 84편 5-6절에 "주께 힘을 얻고 그 마음에 시온의 대로가 있는 자는 복이 있나이다 그들이 눈물 골짜기로 지나갈 때에 그곳에 많은 샘이 있을 것이며 이른 비가 복을 채워 주나이다"라는 고백이 있습니다. 눈물 골짜기는 눈물을 흘리며 가는 눈물의 장소를 의미합니다. 눈물 골짜기는 누구나 지나가는 골짜기입니다. 눈물 골짜기는 우리의 훈련장입니다. 눈물 골짜기에서 깨닫지 못했던 하나님의 사랑과 긍휼을 깨닫게 됩니다. 하나님의 은혜도 깨닫게 됩니다. 내가 하나님 앞에서 어떻게 살아야 할지도 깨닫게 됩니다. 깊은 감사를 깨닫게 됩니다. 수많은 귀한 보석을 눈물 골짜기에서 캐내게 됩니다.

한나를 보십시오. 브닌나 때문에 마음이 괴로워서 하나님께 통곡하며 기도합니다. "한나가 마음이 괴로워서 여호와께 기도하고 통곡하며 서원하여 이르되 만군의 여호와여 만일 주의 여종의 고통을 돌보시고 나를 기억하사 주의 여종을 잊지 아니하시고 주의 여종에게 아들을 주시면 내가 그의 평생에 그를 여호와께 드리고 삭도를 그의 머리에 대지 아니하겠나이다"(삼상 1:10-11). 하나님께서는 한나의 기도를 들으시고 사무엘을 낳게 하십니다. 눈물 골짜기를 통과합니다.

히스기야를 보십시오. 죽을 것이라는 선고를 받고 낯을 벽으로 향하고 여호와께 심히 통곡하며 기도합니다. "히스기야가 낯을 벽으로 향하고 여호와께 기도하여 이르되 여호와여 구하오니 내가 진실과 전심으로 주 앞에 행하며 주께서 보시기에 선하게 행한 것을 기억하옵소서 하고 히스기야가 심히 통곡하더라"(왕하 20:2-3). 하나님께서 히스기야의 기도를 들으시고 생명을 15년 연장시켜 주십니다. 눈물 골짜기를 통과합니다.

그러므로 일어난 사건보다 더 중요한 것이 있습니다. 어떻게 반응하느냐입니다. 사건 앞에서 절망하고 포기하는 사람은 다시 일어설 수 없습니다. 그러나 도전하여 눈물 골짜기를 통과하는 사람은 더 강해집니다. 더 성숙해집니다. 하나님은 합력하여 선을 이루시는 분이십니다. 눈물 골짜기 너머에 하나님이 예비해 놓으신 축복을 생각하며 하나님을 바라보십시오. 주께 힘을 얻으십시오. 마음에 시온의 대로가 있게 하십시오. 하나님께 기도하십시오.

그러면 눈물 골짜기가 변하여 많은 샘이 있는 축복의 골짜기가 될 것입니다. 이른 비의 복이 샘을 가득 채우게 될 것입니다. 힘을 얻고 더 얻어 하나님께 영광돌리게 될 것입니다. 눈물의 골짜기를 반드시 통과해야 합니다.

67. 세상을 보면 하나님이 믿는 자나 믿지 않는 자나 동일하게 취급하시는 것 같습니다. 제가 잘못 생각하고 있는 건가요?

하나님은 구별하시는 분이십니다. 양과 염소를 구별하시고, 알곡과 쭉정이를 구별하시고, 축복할 자와 심판할 자를 구별하십니다. 출애굽기 8장 20-23절을 보면 "내 백성"이라는 표현이 4번 나옵니다. 하나님께서는 이스라엘 민족을 "내 백성"이라고 부르십니다. '내 백성을 보내라. 내 백성을 보내지 아니하면 애굽 땅에 파리 떼가 가득하게 될 것이다. 그러나 내 백성이 거주하는 고센 땅은 구별하여 파리가 없게 할 것이다.' 내 백성을 특별하게 구별하겠다고 말씀하십니다.

애굽에 내린 네 번째 파리 재앙, 다섯 번째 가축들이 전염병으로 죽는 재앙, 여섯 번째 악성 종기 재앙, 일곱 번째 우박 재앙, 여덟 번째 메뚜기 재앙, 아홉 번째 흑암 재앙, 열 번째 장자들 죽음 재앙을 보면 이스라엘 백성들이 거주하는 고센 땅에는 재앙이 내리지 않았습니다. 하나님이 구별하셨습니다. 구별하신 이유는 단순합니다. '내 백성'이기 때문입니다.

우리는 하나님 백성입니다. 하나님의 자녀입니다. 하나님은 우리의 아버지입니다. 이사야 43장 1절을 보면 하나님께서 우리를 지명하여 부르시고 너는 내 것이라고 소유 삼아 주셨습니다. 그래서 주님은 우리가 물 가운데 지날 때에 물에 침몰하지 못하도록, 불 가운데 지날 때에 불이 사르지 못하도록 지켜주시고, 우리를 보배롭고 존귀하게 여기신다고 말씀하셨습니다. 하나님의 백성 된 복이 얼마나 큰지를 알아야 합니다.

그리고 하나님의 백성들은 구별된 삶을 살아야 합니다. 물질적으로 아무리 어려워도 꼭 해야 할 것이 있습니다. 십일조입니다. 아무리 바빠도 꼭 해야 할 것이 있습니다. 주일성수와 기도생활입니다. 아무리 힘든 문제가 있어도 꼭 해야 할 것이 있습니다. 찬송과 감사입니다. 이것이 구별된 삶입니다.

68. 하나님은 모든 것의 주인이신데 왜 사랑하는 우리에게 넘치도록 복을 주시지 않고 늘 부족함 속에 살게 하실까요?

우리는 축복하면 풍성한 것, 넘치는 것, 건강한 것, 형통한 것, 부요한 것을 떠올립니다. 그리고 가난한 것, 병든 것, 하는 일마다 안 되는 것, 모자라는 것은 복이 아니라고 생각합니다. 모자람 속에서 하나님을 깊이 만나고, 하나님의 은혜를 체험하고, 하나님의 음성을 들을 수 있다면 모자람도 축복입니다.

아합 왕 때 우상숭배의 죄악으로 하나님이 3년 6개월 동안 하늘을 닫아 비가 내리지 않게 하셨을 때 하나님은 엘리야를 그릿시냇가에 숨게 하십니다. 금방 말라 버릴 자그마한 시냇가로 인도하셨습니다. 까마귀가 물어다 주는 음식이 아니면 살 수 없는 황량한 곳으로 인도하셨습니다. 이유가 무엇이었을까요? 처음부터 끝까지 하나님만 의지하게 하신 것입니다.

하나님은 광야에서 이스라엘 백성들에게 만나를 주실 때도 풍성하게 주지 않으셨습니다. 하루분만 거두게 하셨습니다. 매일같이 하늘을 보며 하나님만 의지하며 살게 하셨습니다. 제 사역 속에서도 그렇게 인도하셨습니다. 한꺼번에 넘치도록 주지 않으셨습니다. 끊임없이 기도하게 하셨고, 마침내 하나님의 때가 되었을 때 눈에 보이게 하셨습니다. 기억하십시오. 부자가 되어 하나님을 잊어버리게 된다면 차라리 가난한 것이 좋습니다. 건강하여 하나님을 잊어버리게 된다면 적당히 몸이 아픈 것이 좋습니다. 모자람 때문에 교만하지 않고 겸손해지면 그것이 복입니다. 그러므로 모자람도 감사하십시오.

69. 오랫동안 기도했는데 구한 대로 되지 않아 많이 낙심돼요. 우연은 없고 모든 것이 하나님의 섭리 가운데 이루어진다고 하는데 어떤 하나님의 계획이 있을까요?

하나님은 합력하여 선을 이루시는 분이십니다. 그래서 성경을 보면 안 된 것 때문에 오히려 더 잘된 사건들이 많이 기록되어 있습니다. 요셉을 보십시오. 애굽에 노예로 팔려가서 억울한 누명을 쓰고 감옥에 갇혔기 때문에 애굽의 총리가 되었습니다. 안 된 것 때문에 더 잘 되었습니다. 모세를 보십시오. 애굽 사람을 죽이고 광야로 도망쳐 40년 동안 인내의 세월을 보냈기 때문에 80세에 하나님의 부름을 받을 수 있었습니다. 히스기야를 보십시오. 병들었기 때문에 하나님의 큰 은혜를 체험할 수 있었습니다.

다니엘을 보십시오. 사자굴 속에 들어갔기 때문에 바벨론에서 더욱 높임 받게 되었습니다. 욥을 보십시오. 큰 고난을 겪었기 때문에 갑절의 복을 받을 수 있었습니다. 38년 된 병자를 보십시오. 베데스다 연못에 뛰어들 힘이 없었기 때문에 예수님을 만나 고침 받을 수 있었습니다. 가나 혼인 잔치 집을 보십시오. 포도주가 떨어졌기 때문에 더 좋은 포도주가 나오게 되었습니다. 하나님은 안 된 것 때문에 더 잘되게 하시는 분이십니다.

사도 바울을 보십시오. 로마로 가기를 원했던 그의 기도는 어떻게 응답되었습니까? 선교사의 신분으로 가게 되었습니까? 아닙니다. 죄수의 몸으로 가게 되었습니다. 당시 유대인 중에 바울을 죽이기 전에는 먹지도 마시지도 않겠다고 동맹한 자가 40여 명이나 되었습니다(행 23:12-13). 그런 상황에서 바울은 비록 죄수의 몸이었지만 철저한 보호 속에 배삯 없이 알렉산드리아호라는 배를 타고 가게 되었습니다.

그런데 바울을 태운 배가 유라굴로라는 광풍을 만나게 됩니다. 살 소망의 여지가 전혀 없었습니다. 그런 상황 속에서 하나님은 바울을 높이십니다. 바울이 말한 대로 모두 멜리데 섬에 도착하게 되었습니다. 바울 덕분에 멜리데 섬에서 후한 대접을 받았습니다. 바울이 로마에 도착했을 때는 이미 영웅 죄수가 되어 있었습니다.

그래서 바울은 죄수의 신분이었지만 파격적인 대우를 받았습니다. 바울을 지키는 군인은 한 명이었습니다. 그리고 따로 마련해 준 셋집에서 자유롭게 거처하며 찾아오는 사람들에게 복음을 전할 수 있었습니다. 바울은 만 이 년 동안 아무런 방해도 받지 않고 담대하게 복음을 전할 수 있었습니다(행 28:30-31).

안 된 것 때문에 더 잘되게 하셨습니다. 하나님은 실수하지 않으십니다. 완벽한 계획 속에 우리의 삶을 인도하십니다. 어떤 상황에서도 끝까지 하나님을 신뢰하십시오.

70. 한국교회와 성도들의 삶에서 회개와 용서가 쉽지 않은 이유가 무엇이라 생각하십니까?

400년의 침묵을 깨고 광야에서 세례 요한이 "회개하라 천국이 가까웠느니라"(마 3:2)고 외칩니다. 예수님의 첫 번째 메시지도 "회개하라 천국이 가까이 왔느니라"(마 4:17)였습니다. 회개 없이 천국은 없습니다. 그리고 회개 없이 용서도 없습니다. 성경은 끊임없이 회개를 강조하고 있고, 용서를 강조하고 있고, 사랑을 강조하고 있습니다.

그런데 실천하지 못하고 있는 이유는 아직도 내가 주인 되어 살고 있기 때문입니다. 회개하고 용서하고 사랑하는 주권이 내게 있는 것이 아닙니다. 하나님께서 '회개하라. 용서하라. 사랑하라'고 명령하셨기에 순종해야 하는 것입니다.

신앙인들이 10년을 믿고, 20년을 믿고, 50년을 믿어도 변하지 않고 다람쥐 쳇바퀴 돌듯이 제자리인 이유는 인생의 주인이 하나님이라고 고백은 하면서도 자기가 주인 되어 살고 있기 때문입니다. 천동설은 지구중심설이지요. 지구를 중심으로 모든 천체가 돈다는 설입니다. 코페르니쿠스에 의해 지동설로 바뀝니다. 지동설은 태양을 중심으로 지구가 돈다는 설입니다. 천동설이 지동설로 바뀌므로 엄청난 과학적인 발전이 찾아오게 됩니다. '나를 중심으로 하나님이 움

직여야 한다' 이것이 영적 천동설입니다. '하나님을 중심으로 내가 움직이는 것' 이것이 영적 지동설입니다. 하나님이 하라면 하고, 가라면 가는 것입니다.

하나님께서 아브라함에게 이삭을 번제로 바치라고 명령하십니다. 도저히 이해할 수 없는 명령입니다. 그러나 아브라함은 순종합니다. 모리아 산에 도착한 아브라함이 이삭을 번제로 드리려는 순간, 하나님께서 나타나셔서 아브라함을 멈추게 하십니다. 그리고 미리 준비하신 숫양으로 번제를 드리게 하십니다. 아브라함은 하나님이 예비하신 숫양을 보고 순종한 것이 아닙니다. 하나님의 명령에 순종했을 때 하나님이 예비하신 숫양을 본 것입니다. 순종하면 주님의 뜻을 알 수 있습니다. 순종하면 주님의 예비하심을 볼 수 있습니다. 순종이 축복입니다.

71. 저는 모태신앙입니다. 어렸을 때 신앙생활 잘하다가 대학 다니면서 교회를 다니지 않게 되었습니다. 그래서 가족들의 기도 제목에 제가 있습니다. 요즘 삶에 문제가 생겨 경제적으로 어렵고, 건강도 좋지 않습니다. 가족들이 하나님께 돌아오라고 합니다. 정말 하나님께 돌아가면 회복될 수 있나요?

하나님이 우리에게 허락하신 자리가 있습니다. 그 자리를 이탈하면 문제가 생깁니다. 자동차는 차로를 달려야 안전합니다. 기차는 철로를 달려야 합니다. 그 자리를 이탈하면 사고가 납니다. 아담과 하와는 자리를 이탈하여 선악과를 따먹음으로 에덴동산에서 쫓겨났고, 모든 사람이 죄인 되게 하였습니다. 사울 왕은 자리를 이탈하여 말씀에 불순종하므로 하나님께 버림받았습니다.

룻기를 보면 엘리멜렉 가정이 나옵니다. 베들레헴에 흉년이 들자 모압 땅으로 이사를 갑니다. 베들레헴(Bethlehem)은 Beth(집)와 lehem(떡)이 합해져 '떡집'이란 뜻입니다. 엘리멜렉(Elimelech)의 이름은 '하나님은 왕이시라'라는 뜻입니다. 그런데 그는 가서는 안 될 모압 땅으로 갑니다. 기도하지 않았습니다. 자기들 소견에 옳은 대로 행했습니다.

어떤 연유인지는 몰라도 엘리멜렉이 일찍 죽고, 10년쯤 지나 그의 두 아들 말론과 기룐까지 죽습니다. 큰 고통을 경험하게 된 나오미는 나중에 자기 이름을 마라(룻 1:20)라 부르게 합니다. 마라는 '고통'이라는 뜻입니다. 나오미 이름의 뜻은 '기쁨'입니다. 있어야 할 자리를 벗어난 결과 기쁨이 고통으로 바뀐 것입니다. 나오미는 모든 고난이 하나님의 징계임을 깨닫고 이렇게 말합니다. '여호와께서 나를 징벌하셨다. 전능자가 나를 괴롭게 하셨다. 여호와께서 내게 비어 돌아오게 하셨다'(룻 1:21). 돌아왔더니 추수 때였습니다. 돌아왔더니 새로운 삶이 시작되었습니다. 돌아왔더니 하나님께서 준비하신 축복이 있었습니다. 룻기는 흉년으로 시작했으나 풍년으로 마칩니다. 죽음으로 시작했으나 새 생명을 얻는 것으로 마칩니다. 슬픔과 고통으로 시작했으나 기쁨과 찬송으로 마칩니다.

말라기 3장 7절에 "내게로 돌아오라 그리하면 나도 너희에게로 돌아가리라"라고 말씀하셨습니다. 호세아 6장 1절에도 "오라 우리가 여호와께로 돌아가자 여호와께서 우리를 찢으셨으나 도로 낫게 하실 것이요 우리를 치셨으나 싸매어 주실 것임이라" 말씀하셨습니다.

그렇습니다. 하나님께 돌아가야 사는 길이 열립니다. 하나님께 돌아가야 잃어버린 것을 회복할 수 있습니다. 주님은 오늘도 우리를 기다리고 계십니다. 징계는 하나님의 사랑입니다. 하나님은 때로 우리가 원치 않는 고통도 아픔도 슬픔도 허락하시지만 정말로 주시려는 것은 축복입니다.

72. 몸이 좋지 않아 병원에 갔는데 의사가 스트레스가 원인이라고 합니다. 복잡한 상황과 문제 속에서 어떻게 스트레스를 풀고 살 수 있을까요?

적응하기 어려운 환경이나 조건에 처할 때 느끼는 심리적, 신체적 긴장 상태를 스트레스라고 합니다. '불안하다. 신경질이 난다. 머리가 무겁다. 설사를 자주 한다. 위가 아프다. 배가 더부룩하다. 심장이 터질 것 같다. 죽을 것만 같다.' 그런데 병원에 가면 아무 병도 없다고 합니다. 스트레스로 인한 증상들입니다. 암에 걸린 사람을 조사하니 암에 걸리기 전에 무엇인가에 깊이 신경을 썼던 사람들이라는 통계가 나왔습니다.

요셉은 형들에 의해 종으로 팔려 갑니다. 누명을 쓰고 감옥에 갇힙니다. 이루 말할 수 없는 스트레스가 있었을 것입니다. 그러나 요셉은 주어진 삶에 최선을 다합니다. 스트레스를 극복한 비결이 무엇이었습니까? 창세기 45장 5절에 "당신들이 나를 이곳에 팔았다고 해서 근심하지 마소서 한탄하지 마소서 하나님이 생명을 구원하시려고 나를 당신들보다 먼저 보내셨나이다"라고 고백합니다.

요셉은 팔려 왔다고 생각하지 않았습니다. 하나님이 보내셨다고 생각하며 살았습니다. 하나님의 섭리를 인정한 것입니다. 그래서 마음을 지킬 수 있었습니다.

욥하면 생각나는 것이 무엇입니까? 고난입니다. 하루아침에 재산을 잃었고, 자식도 잃었고, 건강도 잃었습니다. 그때 욥이 이렇게 고백합니다. "내가 모태에서 알몸으로 나왔사온즉 또한 알몸이 그리로 돌아가올지라 주신 이도 여호와시요 거두신 이도 여호와시오니 여호와의 이름이 찬송을 받으실지니이다"(욥 1:21). 욥은 하나님의 주권을 믿었습니다. 알몸으로 왔다가 알몸으로 돌아가는 인생, 주신 이도 하나님이시고, 거두신 이도 하나님이심을 고백하며 오히려 여호와의 이름을 찬송하고 있습니다.

다니엘은 사자굴에 던져질 것을 알면서도 전에 행하던 대로 예루살렘을 향하여 문을 열어놓고 기도합니다. 감사하며 기도합니다. 알고도 감사한 것입니다. 감사할 수 없을 때도 감사한 것입니다. 감사는 스트레스를 해결할 수 있는 가장 좋은 방법입니다.

저는 스트레스가 생기면 감사의 조건을 찾습니다. 범사에 감사하라고 말씀하셨기 때문입니다. 그리고 더 좋게 하실 것을 기대합니다. 하나님께서 합력해서 선을 이루신다고 말씀하셨기 때문입니다. 감당하기 힘든 스트레스가 생기면 크게 웁니다. 하나님 앞에서 통곡하면 하나님의 위로가 있습니다.

73. 우리 가정은 온 가족이 열심히 신앙생활 하며 교회에서 봉사도 하고 하나님이 기뻐하시는 삶을 살려고 힘쓰고 있습니다. 매일같이 말씀 묵상도 하며 말씀대로 순종하려고 힘쓰고 있습니다. 그런데 삶

에 계속 어려움이 생깁니다. 이유가 무엇인지 모르겠습니다.

하나님께서 창세기 3장 15절에서 말씀하신 여자의 후손 언약을 이루시기 위해 아브람을 선택하십니다. 그리고 복이 되라고 하십니다. 아브람이 선택받은 것은 하나님의 은혜였습니다. 조건을 갖추었기에 선택하신 것이 아닙니다. 선택하시고 만들어 쓰셨습니다. 그 과정에 많은 시련과 고난이 있었습니다. 위대한 신앙인들의 이력서를 보면 공통점이 하나 있습니다. 모두가 고난이라는 관문을 통과했다는 것입니다. 야곱은 20년, 요셉은 13년, 다윗은 반 평생, 모세는 40년 혹독한 고난의 훈련을 받았습니다.

창세기 12장 1절을 보면 하나님께서 아브람을 부르시고 '내가 네게 보여 줄 땅으로 가라'라고 하십니다. 아브람은 순종하여 본토 친척 아비 집을 떠나 약속의 땅 가나안에 들어갑니다. 평탄했습니까? 아닙니다. 거주할 곳을 얻지 못하고 바람처럼 이곳저곳을 헤매는 유랑생활을 합니다. 점점 남방으로 옮겨갑니다. 그러나 아브람은 가는 곳마다 하나님께 제단을 쌓으며 하나님을 예배합니다. 하나님의 이름을 부릅니다. 참 귀한 믿음입니다. 그러면 하나님께서 상을 주셔야 하는 것 아닙니까? 그런데 이번에는 기근이 왔습니다.

10절 말씀을 보십시오. "그 땅에 기근이 들었으므로 아브람이 애굽에 거류하려고 그리로 내려갔으니 이는 그 땅에 기근이 심하였음이라." 우리 생각에는 잘 이해가 되지 않습니다. 하나님이 가라고 한 땅입니다. 하나님이 인도하신 땅입니다. 그런데 그 땅에 기근이 있었습니다. 그것도 심한 기근이었습니다.

기근을 끝내시는 분은 하나님이십니다. 기근이 왔을 때 우리가 해야 할 일은 하나님의 말씀을 붙잡고 견디는 것입니다. 기근은 이기는 것이 아니라 견디는 것입니다. 견디는 힘은 하나님의 말씀에 있습니다. 시편 119편 50절을 보십시오. "이 말씀은 나의 고난 중의 위로라 주의 말씀이 나를 살리셨기 때문이니이다." 말씀은 고난 중에 있는 우리를 위로해 줍니다. 끝까지 견딜 수 있는 힘을 줍니다. 결국 말씀이 우리를 살립니다. 기근이 왔습니까? 생명 걸고 하나님의 말씀을 붙드십시오.

03

교회 생활

교회

74. 제 친척이 출석하는 교회가 얼마 전에 추문에 휩싸였어요. 언론에도 공개될 정도의 문제다 보니까 실망이 되어서 교회를 옮기고 싶은 마음이 생긴다고 하네요. 신앙에 문제가 생기기 전에 교회를 옮기는 것이 나을까요, 아니면 끝까지 믿고 교회를 지키는 것이 좋을까요?

정말 어려운 문제네요. 그런 문제가 발생하면 성도들이 큰 상처를 받게 되지요. 그런데 그때 마음을 잘 지키셔야 합니다. 목회자도 사람입니다. 그래서 실수할 수 있습니다. 그러므로 사람은 믿음의 대상이 될 수 없습니다. 사랑의 대상입니다. 하나님 더욱 의지하시고 교회가 더욱 기도하면서 시험을 이겨야 합니다. 직분자일수록 자리를 잘 지키는 것이 좋습니다. 교회 옮기는 문제는 신중하게 결정해야 합니다. 하나님의 인도하심을 구하며 그가 현명한 선택을 할 수 있도록 돕는 것이 중요합니다.

그러나 계속 좋지 않은 모습을 보면서 감당하기 힘드시면 옮기셔도 됩니다. 저는 두 가지 경우에 옮기셔도 된다고 생각합니다. 하나님이 가라 하시면 사명 따라 가셔야 합니다. 그리고 영적으로 살기 위해 옮길 수 있다고 생각합니다. 필요한 영의 양식을 충분히 공급받아야 영이 살게 되는데 제대로 공급받지 못하면 신앙생활이 많이 힘들어지기 때문입니다. 그래서 앞으로 살기 위해 영적 필요를 채워 주는 교회로 이동하는 현상들이 있을 것입니다.

잘 견디십시오. 그러나 교회를 옮겨야 한다면 영적 필요를 채워 주는 교회를 찾으십시오. 그래야 행복하게 신앙생활 할 수 있습니다. 그리고 빨리 회복합니다.

75. 제 친척이 출석하는 교회를 갔는데 그곳은 사도신경을 공식적으로 고백하지 않아 이상했습니다. 문제가 있는 교회인가요?

기독교 신앙에서 고백은 매우 중요합니다. 바울은 "마음으로 믿어 의에 이르고 입으로 시인하여 구원에 이른다"라고 했고(롬 10:10),

"누구든지 주의 이름을 부르는 자는 구원을 받으리라"라고 했습니다(롬 10:13). 그러므로 우리의 고백은 분명해야 합니다.

현재 우리가 사용하고 있는 사도신경은 5세기 말에서 6세기 초에 형성된 것으로 봅니다. 사도들의 단편적 고백을 훗날 교부들에 의해 수정을 거쳐 오늘에 이르렀다고 보고 있습니다. 그리고 사도신경은 건강한 교회의 고백으로 자리 잡아 왔습니다. 그러나 반드시 공식예배에서 사도신경을 고백해야 하는 것은 아닙니다.

예배에 사도신경이 빠질 수도 있습니다. 교회의 신학적 입장과 예배 방식을 이해하는 것이 중요합니다. 공식예배에 신앙 고백이 빠진다고 해서 문제 될 것은 없지만 사도신경의 고백을 인정할 수 없고, 수용할 수 없어서 사도신경을 뺀 것이라면 문제가 있는 교회입니다. 입술로 고백하는 것은 매우 소중하기 때문입니다.

76. 교회 안에서 선한 목적으로 행해지고 있는 수익 사업이 몇 가지 있는데 그 사업을 해야 하나에 대해서 성도들의 찬반 의견이 갈리고 있어요. 둘 다 일리가 있다는 생각이 드는데 하나님의 뜻은 무엇입니까?

바자회, 일일찻집 등 교회에서 하는 수익 사업을 보고 '교회에서 어떻게 물건을 파느냐'라고 생각하는 성도들이 있습니다. 예수님이 예루살렘에 입성하시면서 먼저 하신 일이 성전 정화 작업이었습니다. 매매하는 자들의 상을 엎으시고, 비둘기 파는 자, 돈 바꾸는 자들의 의자를 엎으신 예수님을 보고 교회 안에서는 그러한 일을 하면 안 된다 생각할 수 있습니다.

어떤 의견이든 다르게 생각할 수 있지만 '다른 것을 틀렸다'라고 말하면 안 됩니다. 성도들의 다양한 의견을 존중하고, 모두가 동의할 수 있는 방향으로 나아가십시오. 사업의 목적과 동기가 하나님을 영화롭게 하고, 교회의 사명을 이루는 것인지 점검하십시오. 성도들 간 의견이 갈릴 때, 하나님의 뜻을 분별하는 것은 중요한 일입니다.

교회 안에서 행해지는 사업들은 구제, 선교, 성전 건축 등 하나님의 사업을 위해 하는 사업들이기에 목적이 선하면 괜찮습니다. 무엇보다 사업이 교회 내에서 분열을 일으키지 않고, 사랑과 화합을 이루는 데 도움이 되어야 합니다. 성도들 간의 사랑과 화합을 중요시하며 결정하는 것이 필요합니다.

77. 저희 친척이 권사님이신데 중고등부 교사부터 문화센터 봉사, 구역장으로 봉사하십니다. 거기에 소소한 일이 있으면 다 맡아 하시고

요. 본업으로 저녁엔 아이들 과외도 하세요. 건강도 많이 상한 상태신데 누군가 부탁하면 거절을 못해서 기도하면서 힘든 걸 견뎌내세요. 교회 봉사는 맺고 끊는 것을 정확히 해선 안 되는 건가요?

주를 위해 일할 수 있는 것이 축복입니다. 로마서 12장 11절에 "부지런하여 게으르지 말고 열심을 품고 주를 섬기라"라고 하셨습니다. 요한계시록 2장 10절에도 "…네가 죽도록 충성하라 그리하면 내가 생명의 관을 네게 주리라"라고 하셨습니다. 몸 사리면서 주의 일을 하는 것은 안 됩니다. 최선을 다해야 합니다.

그러나 간혹 꼭 교회에 와서 일을 해야만 주의 일을 하는 것이라 오해하시는 분들이 있습니다. 가정에서 하나님이 주신 자녀 잘 양육하는 것도 주의 일이고, 하나님이 주신 내 몸 관리 잘 하는 것도 주의 일입니다. 과도한 봉사는 건강과 영적인 성장에 부정적인 영향을 미칠 수 있습니다.

신앙생활은 단거리 경기가 아닌 마라톤 경주와 같습니다. 끝까지 완주하기 위해서는 힘을 안배해야 합니다. 두 사람이 나무를 베었는데 한 사람은 쉬지 않고 나무를 베고, 한 사람은 쉬엄쉬엄 나무를 베었습니다. 그런데 처음에는 쉬지 않고 나무를 베었던 사람이 많은 나무를 베었지만 시간이 흐를수록 쉬었던 사람이 더 많은 나무를 베었습니다. 그 이유를 확인해 봤더니 쉬었던 사람은 잠깐 쉬는 동안 도끼날을 갈고 있었습니다. 우리의 신앙생활 속에서도 재창조의 시간인 쉼이 필요합니다. 힘을 비축했다가 주의 일을 할 필요가 있습니다. 때로는 거절할 수 있는 용기도 있어야 합니다. 교회 리더와의 상담을 통해 지혜롭게 봉사를 조절하는 방법을 찾을 수 있도록 도우십시오.

78. 목사님께서 교회 재건축을 계획하시는데 현재 교회 경제 상황은 좋지 않고, 인원도 감축된 상황이고, 본당에 교인이 아직 꽉 차지도 않았습니다. 목사님께서는 재건축을 해서 더 넓어지면 성도 수가 늘어날 거라고 하시는데 순종해야 하는 걸까요, 아니면 목사님과 더 잘 이야기해 보는 것이 좋을까요?

누가복음 14장 28-30절에 "너희 중의 누가 망대를 세우고자 할진대 자기의 가진 것이 준공하기까지에 족할는지 먼저 앉아 그 비용을 계산하지 아니하겠느냐 그렇게 아니하여 그 기초만 쌓고 능히 이루지 못하면 보는 자가 다 비웃어 이르되 이 사람이 공사를 시작하고 능히 이루지 못하였다 하리라"라고 기록되어 있습니다. 망대를 세우는 데 있어서 가장 먼저 해야 할 중요한 일은 비용을 계산하는 것입니다. 비용을 계산하지 않고 기초만 세우다가 중단하면 주변 사람들이 비웃을 것이라고 말씀하십니다.

교회 건축도 마찬가지로 비용을 계산해서 해야 합니다. 그러나 주의 일은 돈으로만 하는 것이 아니고 믿음으로 해야 하며, 주님의 계획과 섭리가 있다면 순종해야 하는 것입니다. 먼저 목사님이 기도해서 응답 받는 것이 중요하고, 교회 성도들과의 충분한 대화와 공감대 형성이 필요합니다. 목회 비전은 하나님께서 담임 목사님에게 주셔서 하게 하십니다. 목사님의 비전과 성도들의 우려와 의견을 이해하고 조율하여 결정하면 순종해야 합니다. 순종하여 함께 동역하고 동참하면 하나님의 은혜가 함께 할 것입니다.

79. 교회 사역이 겹칠 때 우선순위를 정하는 기준은 뭘까요?

누가복음 10장 41-42절에 "주께서 대답하여 이르시되 마르다야 마르다야 네가 많은 일로 염려하고 근심하나 몇 가지만 하든지 혹은 한 가지만이라도 족하니라 마리아는 이 좋은 편을 택하였으니 빼앗기지 아니하리라 하시니라"라고 말씀하십니다. 마르다라는 언니는 예수님과 그 일행을 위해서 분주하게 음식을 준비합니다. 그러나 그 동생 마리아는 예수님 앞에 딱 앉아서 예수님의 말씀을 듣고 있습니다. 이 두 여인은 전혀 다른 각도에서 주를 섬기고 있습니다.

중요한 것은 주님의 평가였습니다. '마리아는 이 좋은 편을 택하였으니 빼앗기지 아니하리라' 마르다의 행동은 선하고 아름다운 일이었습니다. 그는 칭찬을 받아 마땅합니다. 다만, 두 자매를 비교할 때 마리아가 마르다보다 더 좋은 편을 택했다는 말입니다.

우리는 마르다와 마리아를 통하여 많은 일을 하는 것보다 ① 주님을 기쁘게 해 드리는 편을 택하는 것이 중요합니다.

그리고 범사에 좋은 편을 택하려면 ② 무슨 일을 하든지 하나님의 영광을 위해서 해야 합니다. 그것은 어렵거나 복잡하지 않습니다. 고린도전서 10장 31절에 "그런즉 너희가 먹든지 마시든지 무엇을 하든지 다 하나님의 영광을 위하여 하라"라고 했습니다. 대체로 사람들은 먹고 마시는 것에 대해 자기 원하는 대로 해도 무방하다고 여깁니다. 그러나 성도들은 먹고 마시는 것조차도 하나님의 영광을 생각하면서 해야 합니다.

그리고 좋은 편을 택하려면 ③ 성령님의 인도에 순종해야 합니다. 성령님은 하나님의 뜻이 무엇인지 일러주어 하나님의 자녀답게 살아가게 도와주십니다. 우리의 마음에 감화를 주십니다. 주님의 말씀이 생각나게 하십니다. 그러므로 성령님의 인도하심에 순종하면 언제나 좋은 편을 택할 수 있습니다. 마리아처럼 항상 좋은 편을 택하십시오.

80. 담임 목사님이 은퇴하시면서 후임자를 정하는데, 담임 목사님 자녀가 되는 경우 세습이라고 하는데, 세습이라는 말을 교회에서 사용해도 되는지요? 장점과 단점은 무엇일까요? 어떻게 후임자를 정하는 것이 가장 바람직할까요?

세습은 일반적으로 한 가문의 직위나 재산, 권력 등이 후손에게 계승되는 과정을 의미합니다. 세습은 오랜 역사 속에서 다양한 형태로 존재해 왔습니다. 왕정 시대에는 왕위 계승이 주로 혈통을 통해 이루어졌고, 봉건 시대에는 영주나 귀족의 지위와 재산이 후손에게 세습되었습니다. 세습은 사회적 안정성을 제공하기도 하지만, 때로는 권력의 집중과 사회적 불평등을 초래하기도 했습니다.

교회에서 '세습'이라는 단어를 사용하는 것은 신중을 기해야 할 문제입니다. 한국 교회에서 '세습'이라는 단어는 종종 부정적인 의미로 사용됩니다. 이는 일부 교회에서 공정성과 투명성이 결여된 직분의 세습이 비판 받아 왔기 때문입니다. 따라서 이 단어는 신중하게 사용되어야 합니다. 세습이라는 단어 대신 '가족 사역의 계승'이나 '가족 중심의 리더십 전환'과 같은 대안 용어를 사용할 수 있습니다. 일반적인 세습과는 달리 재산이 계승되거나 권력이 계승되는 것이 아니기 때문입니다. 목회는 섬기는 사역이기 때문입니다.

가족 사역 계승의 단점은 지지하는 교인도 있지만, 반대하는 교인도 있어 교회의 갈등과 분열을 초래할 수 있다는 것입니다. 영적 자격 검증이 어려울 수 있습니다. 하나님의 인도하심보다 인간적인 결정으로 이루어질 가능성이 있습니다. 공정성과 투명성의 문제를 야기할 수 있습니다.

가족 사역 계승의 장점은 어릴 때부터 부모의 사역을 직접 보고 배우며 자라 왔기 때문에, 교회와 사역에 대한 깊은 이해와 헌신을 가지고 있을 가능성이 높습니다. 교회의 리더십이 연속성을 가질 수 있습니다. 교회 상황을 잘 알고 있다면, 교회 운영의 연속성이 보장되고, 사역의 방향성을 유지하기가 용이합니다. 교회의 비전과 목표가 일관성 있게 유지되어 교회의 안정성을 높이고, 갑작스러운 변화로 인한 혼란을 줄일 수 있습니다.

디모데후서 1장 5절에 "이는 네 속에 있는 거짓이 없는 믿음을 생각함이라 이 믿음은 먼저 네 외조모 로이스와 네 어머니 유니게 속에 있더니 네 속에도 있는 줄을 확신하노라"라고 말씀합니다. 디모데는 그의 어머니와 외조모로부터 믿음을 이어받았습니다. 구약에서는 제사장 직분이 레위 지파를 통해 계승되었습니다. 이는 하나님이 정하신 방식으로, 제사장의 자녀들이 그 직분을 이어받도록 하였습니다.

가족 사역의 계승에 대한 긍정적인 견해는 영적 유산의 계승, 리더십의 연속성, 교회 공동체의 지지, 효율적인 인수인계 등의 측면에서 유리할 수 있습니다. 그러나 이러한 긍정적인 요소들이 실제로 잘 작용하기 위해서는 사역 계승이 공정하고 투명한 과정 속에서 이루어져야 하며, 사역을 계승받는 자가 충분한 자격과 영적 성숙도를 갖추고 있어야 합니다. 최종적으로는 하나님의 인도하심을 따라 신중하게 결정되어야 합니다.

81. 목회 현장에서 보는 성도들의 개인적인 문제, 그리고 사회에서 바라보는 교회 안 성도들의 문제는 무엇이라고 보시나요?

신앙 따로 삶 따로, 이원론적 신앙생활이 문제입니다. 예수님께서 '너희는 세상의 빛, 너희는 세상의 소금'이라고 말씀하셨습니다. 이 말은 그리스도인의 주 무대가 교회가 아니라 세상이라는 것입니다. 세상 속에서 하나님의 영광을 드러내라는 것입니다. 하나님께서 원하시는 삶은 십자가의 삶입니다. 모든 계명의 핵심은 하나님 사랑, 이웃 사랑입니다. 이 두 관계가 균형을 이룰 때 십자가의 삶이 되는 것입니다.

삭개오를 보십시오. 주님과의 관계가 회복되자 이웃과의 관계도 회복됩니다. 누가복음 10장에 강도 만난 자의 참된 이웃은 사마리아 사람이었습니다. 예수님께서 말씀하십니다. “가서 너도 이와 같이 하라.”

중요한 것은 실천입니다. 초대교회가 아름다웠던 것은 사도들의 가르침을 따라 실천하는 삶이 있었기 때문입니다. 모든 물건을 서로 통용했습니다. 재산과 소유를 팔아 각 사람의 필요를 따라 나누어 주었습니다. 자기 재물을 자기 것이라 하는 자가 하나도 없었습니다. 그래서 온 백성에게 칭송을 받았습니다. 구원 받는 사람들이 날마다 더하게 되었습니다.

성경은 역설적입니다. 죽어야 산다고 합니다. 버려야 얻는다고 합니다. 비워야 채워진다고 합니다. 낮아져야 높아진다고 합니다. 섬겨야 큰 자가 된다고 합니다. 그런데 우리는 죽으려 하지 않고 살려고만 합니다. 손해 보지 않고 이득을 챙기려고만 합니다. 비우지 않고 채우려고만 합니다. 섬기려 하지 않고 섬김을 받으려고만 합니다. 그래서 신뢰는 땅바닥에 떨어지게 되었고, 손가락질과 조롱의 대상이 되었습니다.

다시 회복하려면 십자가 앞에 서야 합니다. 십자가를 든든히 붙

잡아야 합니다. 십자가는 희생입니다. 십자가는 사랑입니다. 십자가는 용서입니다. 십자가를 붙들면 주를 위해 희생할 수 있습니다. 십자가를 붙들면 이웃 사랑을 실천할 수 있습니다. 나눔의 삶을 살 수 있습니다. 십자가를 붙들면 이기지 못할 상황도 없고, 용서하지 못할 사람도 없습니다. 십자가를 붙들면 하나 될 수 있습니다.

82. 한국교회가 점점 쇠퇴하고 있습니다. 그냥 이대로 가면 2050~2060년 경에는 400만 아니 300만 명대로 교인 수가 줄어들 수도 있다는 소리를 들었는데 다시 회복할 수 있는 비결은 없을까요?

안타깝게도 종교개혁자들의 후예인 한국 개신교회가 21세기에 들어와서 개혁의 대상이 되었습니다. 사회는 거세게 교회의 개혁을 요구하고 있습니다. 왜 이렇게 되었습니까? 교회의 본질을 상실했기 때문입니다. 교회가 교회다움을 잃어버렸고, 성도가 성도다움을 잃어버렸고, 목회자가 목회자다움을 잃어버렸기 때문입니다. 많은 사람들이 개혁을 말합니다. 그런데 개혁을 표방하는 사람들조차도 자신은 달라지지 않으면서 그 화살을 타인에게 돌리고 있습니다. 교회에서도 자기는 달라지지 않으면서 교회가 달라져야 한다고 소리치는 사람이 있습니다.

개혁은 나부터 시작되어야 합니다. 왜 내가 변해야 합니까? 변화된 사람이 세상을 변화시키기 때문입니다. 변화된 모세는 이스라엘을 해방시켰습니다. 변화된 베드로는 초대교회를 부흥시켰습니다. 변화된 바울은 이방인을 그리스도에게로 인도하는 사도가 되었습니다.

'마누라와 자식 빼고 다 바꿔라.' 이 말은 1993년 독일 프랑크푸르트에서 열린 삼성 임직원 회의에서 '신경영'을 선언하면서 이건희 회장이 한 말입니다. 이대로 가다가는 이류에만 머물다가 몰락할 수밖에 없다는 위기의식을 느끼고 절박함에서 나온 말이었습니다. 이러한 선언을 한 뒤, 불량품으로 출시된 15만 대, 약 500억 원 가치의 핸드폰을 임직원들이 보는 앞에서 불태우는 파격적인 조치를 취하기도 했습니다. 이후 삼성은 뼈를 깎는 체질 개선과 계속된 변화를 추구하며 오늘의 모습으로 재탄생했습니다.

변화와 성숙은 더 이상 선택의 문제가 아닙니다. 생존의 문제입니다. 나라도, 개인도, 사회도, 가정도, 기업도 변화를 거부하면 망합니다.

사도행전 6장을 보면 초대교회에 구제로 인한 문제가 발생합니다. 사도들이 문제를 어떻게 해결합니까? 사도행전 6장 4절 말씀을 보십시오. "우리는 오로지 기도하는 일과 말씀 사역에 힘쓰리라." 오로지

기도하는 일과 말씀 사역에 힘쓰겠다고 합니다. 본질에 충실한 결과 예루살렘 교회는 부흥의 최고 절정을 이룹니다.

사도행전 6장 7절 말씀을 보십시오. "하나님의 말씀이 점점 왕성하여 예루살렘에 있는 제자의 수가 더 심히 많아지고 허다한 제사장의 무리도 이 도에 복종하니라." 하나님의 말씀이 점점 왕성하여졌습니다. 제자의 수가 더 심히 많아졌습니다. 허다한 제사장 무리도 이 도에 복종하는 역사가 일어났습니다. 말씀과 기도가 있었던 초대교회는 핍박 속에서도 부흥했습니다. 핍박 속에서도 능력이 있었습니다.

직분

83. **이전 교회에서 권사였는데 이사를 해서 교회를 옮겼습니다. 새로운 교회에서 권사 직분을 다시 받아야 한다고 하는데 항존 직분자들은 교회를 옮기면 직분을 새로 받아야 하나요?**

먼저 항존직이 무엇이고 임시직이 무엇인지 궁금하실 것입니다. 말 그대로 항존직은 항상 존재하는 직분이고, 임시직은 임시로 존재하는 직분입니다. 항존직은 신약 성경에 기록되어 있는 직분으로 목사, 장로, 집사 등을 말합니다. 임시직은 성경에는 없는데 교회가 성장하면서 만들어진 직분입니다. 강도사, 전도사, 서리집사, 권찰 등을 말합니다.

권사 직분은 사실 성경에는 없습니다. 한국교회가 만든 것이지요. 처음에는 임시직으로 만들었다가 항존직으로 확정한 교단도 있고, 지금도 임시직으로 규정하는 교단도 있습니다. 대부분 여성들이 권사 직분을 받는데 감리교회에서는 남자에게도 권사직을 줍니다.

그런데 항존직과 종신직을 혼동하면 안 됩니다. 종신직은 어디를 가든 항상 유지되는 직입니다. 선지자, 사도, 목사들이 여기에 해당됩니다. 장로와 권사는 항존직이지 종신직은 아닙니다. 항존직은 '교회에 항상 있도록 허락된 직임'입니다. 공동의회를 통해 출석 성도 2/3가 허락하여 된 것이기에 그 교회를 떠나면 해직되는 것입니다. 그러나 어쩔 수 없이 본 교회를 떠날 수밖에 없을 때에는 이명을 하셔야 합니다. 그리고 이명한 교회에서 다시 재신임을 얻어야 합니다. 재신임을 얻기까지 협동이라는 칭호가 붙습니다. 새로운 교회에서 권사직을 다시 받아야 하는지의 여부는 교회의 정책에 달려 있습니다.

84. 아는 권사님 중 평생 교회 봉사와 모임을 즐기던 분이 계신데 연세가 일흔이 훌쩍 넘으셨어요. 이제 체력이 약해져서 봉사는 못하시지만 은퇴는 하기 싫으신 눈치예요. 권사 은퇴는 꼭 해야만 하는 건가요?

권사 제도는 교단마다 다르고 교회마다 다릅니다. 권사, 권찰은 교회의 필요에 의해 세워진 제도입니다. 권사 은퇴식도 하는 교회가 있고 하지 않는 교회도 있습니다. 오랫동안 봉사하시다가 은퇴하시려니 많이 서운하실 것 같습니다. 목사님들도 사역하시다 은퇴식을 합니다. 목사님이 은퇴하실 때 그동안의 수고를 축하해 드리는 것처럼, 오랫동안 수고하신 노고에 축하하는 것이라고 생각하시면 좋겠습니다.

하나님을 섬기고 봉사하는 데는 은퇴가 없습니다. 목사님들도 은퇴식을 하였어도 사역은 계속하시는 것처럼 할 수 있는 일들을 찾아 사역하셔야 합니다. 연세가 많아지면 몸으로 봉사하는 것은 힘들어서 못하지만, 기도로 중보하는 사역은 계속할 수 있습니다. 중보기도하는 가장 중요하고 소중한 자리를 감당하시면 좋겠습니다.

85. 천주교에서 세례를 받은 분이 개종 시 다시 세례를 받아야 하나요?

교단마다 교회마다 입장들이 달라서 인정해 주는 곳이 있는가 하면 인정하지 않는 교회도 있습니다. 천주교는 연옥설, 마리아 무오설, 교황 무오설, 고해성사 등 개신교와는 교리적으로 다른 부분이 많습니다. 그러나 성부, 성자, 성령의 이름으로 세례를 주는 것은 같기 때문에 인정하는 교회들도 있으므로 교회 방침에 따라 하는 것이 좋겠습니다.

그러나 저의 생각은 천주교에서 개신교로 옮긴 것은 개종한 것이기 때문에 새로운 마음으로 다시 세례를 받는 것이 좋다고 생각합니다. 세례 문답, 세례 교육을 통해 예수 그리스도가 나의 구주이심을 다시 한번 확신하는 시간이 될 것입니다.

86. 명예 목사, 명예 장로, 명예 권사란 직분이 있는데요. 세상의 명예 회장 제도에서 따온 것 같은 느낌이 듭니다. 이런 직분이 옳은 걸까요? 기독교인으로서 신앙심이 중요한 것이지 직분이 중요한 걸까요?

직분에 상관없이 우리는 충성된 일꾼이 되어야 합니다. 그러나 동시에 직분은 소중한 것입니다. 하나님께서 직분을 주실 때 은혜도 주시고 감당할 수 있는 능력도, 축복도 더해 주십니다. 교회 직분은 세상 직분과는 달리 명예를 위한 것은 아닙니다. 섬기라고 주는 것이기 때문입니다. 구약의 경우 왕, 제사장, 선지자는 하나님이 부르시고 하나님이 기름 부어 세웠습니다. 명예로 세운 일은 없습니다. 목사도 명예로 세울 수 없습니다. 그러나 교회마다 명예 장로, 명예 권사를 선출하기도 하고, 지명하기도 합니다. 그동안 헌신적으로 봉사한 분들에 대해 존경과 감사를 표하기 위해 수여됩니다. 교회 부흥과 성장에 큰 영향을 끼쳤는데 연령이 넘었다든지, 건강하지 못해 사역할 수 없는 경우에 세우는 것입니다.

기독교 신앙에서 중요한 것은 직분 자체보다는 신앙의 깊이와 삶의 변화, 그리고 공동체에 대한 헌신입니다. 교회 내에서 직분의 의미는 하나님 앞에서의 봉사와 헌신을 나타내며, 모든 직분이 중요한 것은 신앙생활에서 각자의 역할과 책임을 다하는 것이 중요하기 때문입니다. 중요한 것은 직분이 아니라 그 직분을 통해 나타나는 신앙과 헌신의 열매입니다.

87. 저희 목사님께서는 새벽기도를 크게 강조하십니다. 그런데 저는 직장을 마치고 집에 돌아와서 자리에 누우면 보통 새벽 1시입니다. 도저히 새벽기도는 자신이 없습니다. 항존 직분자인데 이런 형편이라 너무나 고민이 됩니다. 어떻게 하면 좋을까요?

성경에 보면 새벽에 하나님의 역사들이 많이 일어났습니다. 홍해 기적 사건, 여리고성이 무너진 사건, 예수님의 부활사건, 모두 새벽에 일어났습니다. 새벽기도는 한국교회의 저력입니다. 한국교회가 성장하는 데 큰 원동력이 되었습니다. 기도 없이는 아무것도 이룰 수 없습니다. 중책을 맡고 있는 분이라고 한다면 담임목사님의 목회에 협력자가 되어야 하는 위치이며, 성도들에게 모범이 되어야 하는 의무가 있습니다. 특별 새벽기도회나 부흥성회 등 특별집회에는 최선을 다해 노력하는 모습이 있어야 합니다. 상황을 목사님께 말씀드리고 기도생활은 절대적으로 필요한 시간이므로 개인 상황에 맞게 기도의 시간을 가져 보십시오. 바쁜 스케줄 속에서도 기도 시간을 계획하여 우선순위로 삼아보십시오. 시간표에 특별히 기록하고, 그 시간을 존중하며 기도하는 습관을 만들어 가는 것이 중요합니다.

88. 교회 안에서 사역을 하다 보면 가끔 저도 모르게 마음에 거리낌과 불편함이 찾아올 때가 있습니다. 이러한 갈등은 어떻게 해결해야 할까요?

신앙생활하면서 갈등은 끊임없이 생깁니다. 그것을 어떻게 극복하느냐에 따라 신앙이 성장하기도 하고 후퇴하기도 합니다. 먼저 거리낌과 불편함이 하나님이 주신 마음인지, 사단이 가져다 준 마음인지 분별해야 합니다. 그리고 영적 상태가 어떤지 살펴야 합니다. 나 중심의 신앙생활을 하고 있는지, 하나님 중심의 신앙생활을 하고 있는지 살펴야 합니다. 항상 판단의 기준은 하나님의 말씀이어야 합니다. 내 생각과 감정이 기준이 되면 안 됩니다. 하나님이 기뻐하시는 일인지 싫어하시는 일인지를 생각해야 합니다. 갈등이 발생했을 때 원인을 파악하고 해결할 방안을 찾기 위해 소통해야 합니다. 필요하면 교회 사역 담당자에게 상담을 요청하여 중재자 역할을 맡아 주도록 할 수도 있습니다. 그리고 갈등의 문제를 해결해 주시기를 하나님께 기도하십시오. 기도하면 도와주십니다. 기도하면 주님의 마음을 품게 하십니다. 기도하면 은혜를 주십니다. 기도하면 성령으로 충만하게 하십니다. 넉넉히 갈등의 문제를 해결하게 하십니다.

89. 교회 안에서 사역하다가 오해를 받게 되어 너무 힘들어요. 어떻게 해결하면 좋을까요?

오해 받는다는 것은 슬픈 일입니다. 특히 가까운 사람에게 오해 받는다는 것은 매우 가슴 아픈 일입니다. 그러나 인간관계에는 오해가 있기 마련입니다. 오해하면 갈등이 생깁니다. 갈등이 계속되면 미움이 생깁니다. 미워하다 보면 등을 돌리고 갈라서게 됩니다. 그러니 오해는 갈등을 낳고, 갈등은 미움을 낳고, 미움은 분열을 낳게 되는 것입니다. 그러므로 오해는 반드시 풀어야 합니다. 오래가면 결국 나만 손해입니다.

한나는 아들을 얻기 위해 눈물로 간구하였는데 엘리 제사장에게 술에 취했다는 오해를 받았습니다. 사도행전의 제자들도 성령 충만 받고 방언을 하자 술에 취했다는 오해를 받았습니다. 예수님도 수많은 오해를 받으셨습니다. 공회원들이 예수님을 가리켜서 먹기를 탐하고 포도주를 즐기는 사람이요 세리와 죄인의 친구라고 오해했습니다(마 11:18-19). 바리새인들이 예수님께서 눈멀고 벙어리 된 자를 고쳐 주셨을 때 귀신의 왕 바알세불을 힘입어 고친다고 오해했습니다(마 12:24). 그리고 예수님은 결국 오해로 죽으셨습니다. 오해가 사람 잡는다는 말이 있습니다. 정말 사람 잡습니다.

우리는 살아가면서 오해하기도 하고, 오해받기도 합니다. 오해 받았을 때 아픔을 생각하면서 함부로 오해하지 마십시오. 오해는 방치해서 해결되는 것이 아닙니다. 잊는다고 해결되는 것이 아닙니다. 그 사람에게 등을 돌리고 산다고 해결되는 것이 아닙니다. 풀어서 해결해야 합니다. 하나님께 도움을 청하십시오. 지혜를 주실 것입니다. 주님이 주시는 메시지에 순종하셔서 오해를 이해로 바꾸시고 사랑하고 감사하며 사십시오.

전도

90. '예수천당 불신지옥' 을 외치는 분들을 길거리에서 가끔 볼 수 있는데요. 나는 저렇게 전하지 못하는데 대단하다는 생각이 들기도 하지만 기독교인인 제가 봐도 부담스럽거든요. 그러면 믿지 않는 분들이 보면 더 거부감이 들 것 같은데요. 과연 그렇게 전도하는 방법이 맞는 건가요?

옳고 그름의 문제가 아닙니다. 고린도전서 1장 18절에 "십자가의 도가 멸망하는 자들에게는 미련한 것이요 구원을 받는 우리에게는 하나님의 능력이라"라고 했습니다. 멸망하는 자들에게는 어떻게 전하여도 십자가의 도는 미련한 것으로 보일 것입니다.

복음은 영원토록 변할 수 없습니다. 그러나 시대에 맞춰 전달하는 방법은 달라져야 합니다. 예를 들면 봉은사 땅 밟기 운동, 조계사에서 확성기로 불교를 비하하는 것 등은 사람들에게 좋지 않은 모습으로 보일 뿐만 아니라 반감을 사서 전도의 길을 막는 결과를 초래했습니다.

바울의 전도철학을 보면 어떻게 전도하는 것이 지혜인지를 알 수 있습니다. 고린도전서 9장 20-22절에 "유대인들에게 내가 유대인과 같이 된 것은 유대인들을 얻고자 함이요 율법 아래에 있는 자들에게는 내가 율법 아래에 있지 아니하나 율법 아래에 있는 자같이 된 것은 율법 아래에 있는 자들을 얻고자 함이요 율법 없는 자에게는 내가 하나님께는 율법 없는 자가 아니요 도리어 그리스도의 율법 아래에 있는 자이나 율법 없는 자와 같이 된 것은 율법 없는 자들을 얻고자 함이라 약한 자들에게 내가 약한 자와 같이 된 것은 약한 자들을 얻고자 함이요 내가 여러 사람에게 여러 모습이 된 것은 아무쪼록 몇 사람이라도 구원하고자 함이니"라고 했습니다.

유대인들을 구원하기 위해 유대인과 같이 되었다고 합니다. 약한 자들을 얻고자 약한 자같이 되었다고 합니다. 여러 사람에게 여러 모습이 된 것은 몇 사람이라도 더 구원하기 위해서였다고 합니다. 바울은 그들의 종교적인 배경을 이해하고 그들의 신앙에 맞는 방법으로 복음을 전했습니다. 전도는 복음을 전하는 중요한 방법 중의 하나이지만, 효과적인 전도를 위해서는 사람들의 상황과 마음을 이해하고 사랑과 존중을 기반으로 접근하는 것이 중요합니다. 강압적인 방법이 아닌 관계와 삶을 통한 자연스러운 전도가 더 큰 열매를 맺을 수 있습니다. 효과적인 전도를 위해서는 전도 대상자에 따라 눈높이에 맞춰 전도하는 방법이 다양해져야 하지 않을까 생각합니다.

91. 교회를 다녔던 사람, 교회에서 상처를 입고 떠난 분들의 경우엔 좀 다른 방법으로 전도를 해야 할 것 같습니다. 어떻게 전도의 운을 떼야 할까요?

그런 사람이 많다는 것이 가슴 아픕니다. 1990년대부터 시작된 기독교인 감소 현상이 2000년대 들어오면서 더욱 가속화되고 있는 안타까운 현실입니다. 그래서 교회마다 잃은 양 찾기 운동도 하고 있습니다. 교회에서 상처를 입고 떠난 사람들에게 전도하는 것은 매우 민감한 주제입니다. 더욱 신중하고 배려심 있는 접근이 필요합니다.

교회를 떠난 사람들을 보면 두 종류입니다. 교회 다니면서 흥미를 느끼지 못해서 떠납니다. 이런 경우에는 대부분 복음의 진리를 바로 듣지 못하고 구원의 확신 없이 신앙생활 했기 때문입니다. 이런 분들에게는 구원의 확신을 심어 주면 다시 신앙을 회복하게 될 것입니다.

또 한 종류는 상처받고 떠난 경우입니다. 성도들에게 받은 상처는 그래도 목회자들이 찾아가서 위로하면 회복됩니다. 그런데 목회자에게 받은 상처는 참 어렵습니다. 우선 그들의 말을 들어주세요. 공감과 이해가 필요합니다. 그리고 인정할 것은 인정하고 사과하세요. 그리고 다시 초청하세요. 사람은 믿음의 대상이 아니고 사랑의 대상임을 알려 주세요.

그래서 사도 바울은 신앙의 경주를 하는 사람들에게 '믿음의 주요 또 온전케 하시는 이인 예수를 바라보자'라고 당부했습니다. 주님을 바라보아야 하는데 사람 바라보면 넘어질 수 있습니다. 그리고 우리의 싸움은 혈과 육이 아니요 공중 권세를 잡고 있는 악한 원수 마귀와의 싸움임을 알려 주어야 합니다. 사단은 하나님과 멀어지게 하고 아무것도 아닌 일에 오해하게 합니다.

마음은 누가 지켜 주는 것이 아니고 내가 지켜야 함을 알려 주십시오. "모든 지킬 만한 것 중에 더욱 네 마음을 지키라 생명의 근원이 이에서 남이니라"(잠 4:23). 그리고 잘못 알고 있는 것은 바르게 알려주셔야 합니다. 오해하고 있는 부분이 많기 때문입니다. 그래야 다시 교회 생활하면서 상처받지 않을 수 있습니다. 상처받은 이들에게 전도할 때는 그들의 감정을 존중하고, 신뢰를 형성하는 데 중점을 두어야 합니다. 사랑과 배려를 기반으로 한 접근이 가장 효과적입니다.

상처받고 교회를 떠난 분들에게 한 말씀 드리고 싶습니다. 상처받고 교회를 떠난 후, 얼마나 힘드셨습니까? 하나님은 당신을 사랑하십니다. 하나님은 당신이 다시 교회로 돌아오기를 기다리고 계십니다. 반드시 하나님께로 다시 돌아가셔야 합니다. 왜냐하면, 당신이 죄를 용서 받지 못하면, 지옥의 영원한 형벌을 피할 수 없기 때문입니다. 다시 믿음생활을 회복하십시오. 그것만이 당신이 사는 길입니다. 주님 품에 안겨 처음 사랑을 회복하시기 바랍니다.

92. 친척 중에 전도 대상자가 있는데요. 너무 거리가 멀어서 인근 교회로 출석하도록 말씀드리려고 합니다. 그런데 아무 교회나 가도록 하는 건 좀 불안해서요. 자칫 이단이라든가 잘못된 곳으로 가실 수도 있고 겉돌다가 교회를 다니지 않게 되실까 봐 걱정도 되고요. 어떤 교회로 가시라고 해야 할까요?

좋은 교회란 큰 교회도 아니고, 작은 교회도 아닙니다. 다른 어떤 것이 없어도 하나님이 함께하시는 교회는 좋은 교회입니다. 하나님께 기쁨을 드리는 교회가 좋은 교회입니다. 마게도냐 교회처럼 힘에 겹도록 헌신하여 구제에 힘쓰는 교회, 안디옥 교회처럼 선교에 힘쓰는 교회, 데살로니가 교회처럼 사랑의 수고가 있고 소망의 인내가 있고 믿음의 역사가 나타나는 교회, 빌라델피아 교회처럼 적은 능력으로 주의 이름 배반하지 않고 말씀을 지키는 교회가 좋은 교회입니다.

이런 말이 있지요. '예수님 만나면 인생의 방황이 끝나고 좋은 교회 만나면 신앙의 방황이 끝난다.' 좋은 교회를 만나야 합니다. 그래야 신나고 행복하게 신앙생활 할 수 있습니다. 자신이 신뢰하는 목사님이나 교회 리더에게 추천받은 교회를 권유하십시오. 그분들은 지역 교회들에 대해 잘 알고 있을 가능성이 높습니다. 인터넷 검색을 통해 해당 교회에 대한 평가와 리뷰를 찾아 보는 것도 도움이 됩니다. 다른 사람들이 어떻게 느꼈는지 알 수 있습니다.

이런 교회를 추천하고 싶습니다. 예배에 감격이 있는 교회, 말씀에 은혜가 있는 교회, 좋은 소문이 난 교회, 새가족 교육이 있는 교회, 선교하는 교회입니다. 꼭 피해야 할 교회는 이단 소리 듣는 교회, 교단 소속이 분명하지 않은 교회, 목사님이 신학 공부를 어디서 했는지 분명하지 않은 교회 등이 있겠습니다.

93. 복음을 전할 때 받아들이지 않는 사람들은 왜 그런 걸까요?

사도행전 7장 57-58절에 "그들이 큰 소리를 지르며 귀를 막고 일제히 그에게 달려들어 성 밖으로 내치고 돌로 칠새" 말씀처럼 스데반이 복음을 전할 때 사람들이 돌을 던지고 성 밖으로 내칩니다. 복음을 전할 때 사람들이 받아들이지 않는 이유는 다양합니다. 그들의 거부 반응은 개인적, 문화적, 사회적, 심리적 요인에 따라 달라질 수 있습니다.

많은 사람들이 이미 확립된 종교적, 철학적 또는 윤리적 신념 체계를 가지고 있어서 새로운 믿음을 받아들이는 것을 어렵게 만들 수 있습니다. 사람들은 자신의 자율성과 독립성을 유지하고 싶어 하며, 외부로부터 강요되는 것으로 느끼는 종교적 가르침을 거부하게 합니다.

현대 사회에서 과학적 사고와 합리주의가 널리 퍼져 있으며, 이러한 사고방식은 종교적 믿음과 상충될 수 있습니다. 특정 문화에서는 기독교가 낯설거나 외래 종교로 간주되기 때문에 받아들이기 어려울 수 있습니다. 가족, 친구, 사회 집단의 영향으로 기독교를 받아들이기 어려운 경우도 있습니다. 예를 들어, 가족의 기대나 전통적인 가치관이 큰 역할을 할 수 있습니다.

과거 교회나 기독교인과의 부정적 경험으로 인해 복음을 거부하는 경우도 있습니다. 자신의 죄와 잘못된 행위에 대한 두려움이나 죄의식으로 인해 복음을 받아들이기 어려워할 수도 있습니다. 사단의 영향력이나 영적 눈이 가려져 복음을 이해하지 못하는 경우도 있습니다["이 세상의 신이 믿지 아니하는 자들의 마음을 혼미하게 하여 그리스도의 영광의 복음의 광채가 비치지 못하게 함이니 그리스도는 하나님의 형상이니라"(고후 4:4)].

경제적 문제, 건강 문제 등 실제적인 삶의 어려움이 신앙을 받아들이는 데 장애물이 될 수 있습니다. 많은 사람들이 복음의 중요성을 느끼지 못하거나, 다른 삶의 문제들이 우선순위에 있다고 생각할 수 있습니다. 복음을 전할 때 이러한 다양한 이유를 이해하고, 사랑과 인내로 접근하는 것이 중요합니다. 기도와 성령의 인도하심을 구하며, 각 개인의 상황과 필요를 이해하려는 노력이 필요합니다. 복음을 전하는 사람은 상대방의 입장을 존중하며, 진리와 사랑으로 접근하는 것이 효과적입니다.

예배

94. 제 친구가 다니는 교회는 오후 예배를 찬양 예배 형식으로 진행하는데 장년들은 잘 모르는 새로운 복음성가만 부른다고 합니다. 그래서 소외감이 들고 오후 예배를 가기 싫은 마음까지 든다고 하는데 어떻게 해야 할까요?

충분히 이해가 됩니다. 제가 섬기는 교회에도 그런 일이 있었습니다. 똑같은 반응이었어요. 예배 참석하기 싫어진다고, 찬양 인도자가 회중들을 고려하여 찬양을 선곡해야 하는데 인도자의 취향대로 하니까 생기는 문제입니다. 그렇다고 젊은 층이 있는데 장년층에만 맞추면 찬송가만 해야 합니다. 가끔 모르는 곡이 나와도 배우려고 하시면 좋겠습니다. 새로운 복음성가를 개인적으로 익히면 찬양 예배 참여에 도움이 될 것입니다. 이런 문제를 해결하려고 저는 찬양 인도자에게 찬송가도 부르게 했습니다. 이러한 현상이 계속되면 빨리 담임목사님께 말씀드려서 회중을 배려한 찬양을 드릴 수 있게 하면 좋겠습니다. 고쳐지지 않으면 또 말씀드리십시오.

95. 대예배 대표기도를 할 때 유의해야 할 점이나 갖추어야 할 형식이 있을까요? 대표기도를 어떻게 해야 좋을까요?

대표기도 할 기회가 주어지면 많은 성도들이 긴장합니다. 어떤 분들은 대표기도 시킬까 봐 피해 다니기도 하며 대표기도를 시켜서 시험에 들기도 합니다. 형식은 중요한 것이 아닙니다. 써서 하셔도 되고, 즉흥적으로 하셔도 됩니다. 중요한 것은 기도도 그렇고 찬송도 하나님께 드리는 것이므로 초점을 하나님께 맞추어야 하는데 대표기도자가 실수하는 것 중 하나가 사람에게 보이려고 사람에게 은혜를 끼치려고 사람들에게 초점을 맞추는 것입니다.

하나님은 외모보다 중심을 보시는 분입니다. 주님은 얼마나 많이 준비했는가, 얼마나 중심으로 기도하는가, 얼마나 믿음으로 기도하는가를 중요하게 보십니다. 즉흥적으로 나오는 대로 성령의 인도 받아 기도하시는 분들도 있지만, 내 마음의 중심을 담아 써서 하는 것이 좋다 여겨집니다. 잘하는 기도는 유창한 기도가 아닌 응답받는 기도입니다. 주님은 바리새인의 외식하는 기도보다 세리의 기도를 받으셨습니다.

대표기도는 짧게 3분 이내로, 개인 기도는 길게 해야 합니다. 너무 길거나 복잡하지 않도록 분명하고 이해하기 쉽게 짧은 문장으로 해야 합니다. 대표기도는 설교가 아님을 명심하십시오. 과다한 성경 인용을 자제하십시오. 대표기도에 사사로운 감정을 개입시키지 마십시오. 대표기도는 개인 기도가 아니라 회중을 대표하는 기도임을 명심하십시오. ① 먼저 하나님께 감사와 찬양을 드리고 ② 죄를 고백하고 ③ 회중 전체의 염원과 소망에 대한 기도를 드리고 ④ 모든 기도를 들으시는 하나님께 신뢰와 확신을 가지고 예수님의 이름으로 기도를 마치면 됩니다.

96. 제 친구는 주일예배는 물론이고 새벽기도, 철야예배, 수요예배 등 예배를 빠짐없이 드리는데 워낙 내성적이고 본인의 이야기를 하는 것을 즐기지 않아서 구역예배에 가면 심적으로 힘들다고 합니다. 구역예배를 드리지 말아야 하나요? 어떻게 해야 할까요?

하나님이 교회를 세우신 목적은 예배, 교육, 봉사, 전도, 교제의 일을 하기 위함입니다. 예배와 교제는 절대 빼 놓아서는 안 될 교회를 세우신 목적입니다. 예배 횟수를 줄여서도 안 되고, 성도들과의 교제에서 이탈해서도 안 됩니다. 신앙생활 하며 시험거리가 되는 것 중 한 가지가 직분을 맡고 일을 하게 되면 대표기도를 부담스러워 하시는 분들이 있습니다. 그런 경우에는 써서 읽으면 됩니다. 그렇게 한 번, 두 번 시도하다 보면 유창한 기도자가 됩니다.

구역예배 리더와 대화하여 친구의 상황을 설명하고, 더 나은 방법을 모색할 수 있습니다. 리더는 친구가 예배에 편안하게 참여할 수 있도록 조치를 취할 수 있습니다. 친구의 영적 성장과 편안함을 최우선으로 생각하고, 다양한 방법을 시도하여 그가 예배에 참석할 수 있도록 도와주십시오.

조금 내성적이어서 구역 모임에서 개인적인 이야기하기 힘든 분들은 은혜 받은 이야기를 꺼내 보려 노력해 보십시오. 내성적인 분들은 성격을 바꾸는 데 교회의 소그룹 모임만큼 좋은 곳이 없습니다. 도전하시고 노력하셔서 적극적인 모습으로 사람들과 교제하며 신앙생활 할 수 있으면 좋겠습니다.

97. 교회에서 상처를 입고 그냥 영상으로만 예배를 드리겠다는 친구

가 있습니다. 교회에 출석하지 않은 지 몇 달이 되는데 걱정이 되네요. 어떻게 도와야 할까요?

교회에서 상처받아 떠나는 사람들의 원인을 보면 대부분 사람 때문입니다. 사람은 사랑의 대상이지 믿음의 대상이 아닙니다. 믿음의 대상은 주님이십니다. 믿음은 주님을 바라보는 것입니다. 시험거리가 찾아와도 마음을 잘 지켜야 합니다. 생명의 근원이 마음에 있다고 말씀하셨기 때문입니다. 마음이 무너지면 다 무너지는 것입니다. 하나님께서 세우신 두 개의 기관이 있는데 하나는 가정, 하나는 교회입니다. 가정은 창조 사역의 결과로 주어진 것이고, 교회는 구원 사역의 결과로 주어진 것입니다.

사도행전 20장 28절 "…하나님이 자기 피로 사신 교회를 보살피게 하셨느니라" 말씀처럼 하나님께서 가장 사랑하시는 독생자 예수 그리스도의 생명을 주셔서 세운 것이 교회입니다. 하나님이 교회를 세우신 목적은 구원하시기 위함이고, 교회가 존재하는 목적은 예배, 교육, 봉사, 전도, 교제를 위함입니다.

때로 시험이 있어도 교회라는 울타리를 벗어나면 안 됩니다. 울타리를 벗어나 순간 무리에서 떠난 양처럼 되어 우는 사자처럼 두루 다니는 사단의 표적이 되어 버릴 수 있습니다. 하나님은 교회를 통해서 은혜를 베푸시고, 교회를 통해서 구원의 역사를 이루시고, 교회를 통해서 하나님의 비밀한 일을 이 땅에 이루어 가십니다. 힘들더라도 교회라고 하는 은혜의 자리, 생명의 자리에서 떠나면 안 됩니다.

정기적으로 친구와 대화하며 교회 출석의 중요성을 설명해 주시고, 소그룹 모임이나 소규모 성경 공부에 친구를 초대해 부담 없이 교회 공동체와 다시 연결될 수 있도록 도와주세요. 친구를 위해 기도하고, 하나님의 치유와 회복을 간구하세요.

98. 설교 시간에 꾸벅꾸벅 졸 때가 있습니다. 그러지 않으려고 노력을 하는데도 안 되고 죄책감이 너무 심하게 듭니다. 하나님께서 보시기에 너무 한심하시겠죠?

사도행전 20장을 보면 유두고라는 청년이 나오는데 창문에 걸터앉아 설교를 들으며 졸다가 떨어져 죽게 됩니다. 예배 시간에 조는 사람들이 위안을 삼는 말씀이 있습니다. 시편 127편 2절 "…여호와께서 그의 사랑하시는 자에게는 잠을 주시는도다"라는 말씀입니다. 물론 불면증에 걸려 잠 못 이루는 사람들이라면 교회 와서 설교 시간에라도 자야 하지요. 그러나 집에서 잘 잠 다 자고 예배 시간에 또 자는 사람이라면 대단히 문제가 있습니다. 은혜 체험이 있어야 졸지 않습니다. 은혜 체험이 있어야 말씀 듣는 들을 귀가 열리게 됩니다.

조는 것 때문에 너무 죄책감에 사로잡힐 필요는 없습니다. 때로는 목사님에게 책임이 있을 수도 있습니다. 그런데 습관적으로 조는 것은 영적으로 문제가 있어서입니다. 사단이 예배에 집중하지 못하게 방해하고 있어서입니다. 졸음을 가져다주는 악한 세력들을 예수 이름으로 쫓아내시고, 말씀을 사모하고, 은혜를 사모하면, 하나님께서 들을 귀도 허락해 주실 것이고, 은혜를 체험하게 해주실 것입니다.

99. 기독교인으로서 반드시 지켜야 할 예배는 어디까지인가요?

예배는 신앙에 있어서 본질이며 기본입니다. 예배는 많이 드릴수록 좋으며 주일만큼은 무슨 일이 있어도 지켜야 합니다. 예배의 소중함을 기억해야 합니다. 예수님이 우리를 구원하시는 목적도 예배 받으시기 위함이었고, 하나님이 이스라엘 백성을 출애굽 시키신 목적도 예배 받으시기 위함이었습니다.

그러나 주님이 오실 날이 가까울수록 모이기를 폐한다고 하셨습니다. 히브리서 10장 25절에 "모이기를 폐하는 어떤 사람들의 습관과 같이 하지 말고…"라고 하셨습니다. 주님 오실 날이 가까울수록 우리는 모이기에 힘써야 합니다.

하나님과 사람과의 관계에 있어서 가장 기본적인 것이 예배였습니다. 예배 중심적인 삶을 살아간 사람들은 하나님과 좋은 관계를 가질 수 있었습니다. 예배 잘 드리면 예비된 축복이 있고, 예배가 무너지면 다 무너집니다.

100. 저는 작은 개척 교회를 출석하고 있어서 주일 오전 예배가 한 번 뿐인데요. 예배 준비위원으로 봉사하다 보니 예배를 온전히 드리지 못합니다. 어떻게 해야 할까요?

예배 준비위원으로 봉사하다 보면 예배에 집중하는 일이 쉽지 않을 것입니다. 그렇다고 해서 예배 봉사 사역을 하지 않을 수는 없습니다. 요한복음 4장 23절에 "아버지께 참되게 예배하는 자들은 영과 진리로 예배할 때가 오나니 곧 이때라 아버지께서는 자기에게 이렇게 예배하는 자들을 찾으시느니라."

예수님 당시에도 정말 예배하는 자들이 많았습니다. 절기마다 시간마다 제사는 끊이지 않았고 제물도 많이 드렸습니다. 그런데 하나님께서 보시기에 참되게 예배하는 자가 없었다는 것입니다. 그래서 불꽃같은 눈을 가지시고 온 우주를 살피시는 하나님께서 찾으셔야 할 정도였던 것입니다. 하나님 앞에 온전하게 예배드리는 것이 무엇인가 생각해 보아야 합니다.

로마서 12장 1절에 “그러므로 형제들아 내가 하나님의 모든 자비하심으로 너희를 권하노니 너희 몸을 하나님이 기뻐하시는 거룩한 산 제물로 드리라 이는 너희가 드릴 영적 예배니라”라고 말씀합니다. 하나님 앞에 온전한 예배를 드리기 위해서는 내가 산 제물이 되어야 합니다. 산 제물로 드린다는 것은 나의 전부를 주님께 온전히 바친다는 것입니다.

찬송 드리고, 기도 드리고, 말씀 듣고, 헌금하는 모든 시간에 집중해야 하지만 수없이 많은 사람들이 예배를 드려도 하나님이 찾으시는 영적 예배자가 예수님 당시에도 극히 적었던 것처럼 오늘날에는 얼마나 많을까 하는 생각을 해 봅니다. 봉사를 하면서도 하나님 앞에 나를 온전히 드리면서 예배할 수 있다면 하나님께서 기뻐 받으시는 영적 예배가 되는 것입니다.

101. 예전에는 부활절이면 교회에서 삶은 달걀을 나눠먹고 했었는데 지금 우리 교회는 그러지 않고 있습니다. 특별한 이유가 있나요?

부활절에 삶은 달걀을 나누는 풍습은 어떻게 생겼을까요? 네 가지의 설이 있기는 하지만, 정확한 기원은 알 수 없습니다. 첫 번째 설은 예수님께서 십자가를 지고 골고다로 올라갈 때 너무 힘들어서 쓰러집니다. 그러자 로마 군병들이 구경 나온 구경꾼 중 한 사람에게 강제로 그 십자가를 대신 지고 가게 합니다. 그가 구레네 사람 시몬인데 달걀 장수였다고 합니다. 그 후 집에 돌아왔더니 그의 집에 있던 달걀이 모두 무지개 색으로 변해 있더라는 것입니다. 이것을 사람들에게 나눠준 것이 부활절의 풍습으로 자리 잡았다는 것입니다.

두 번째 설은 부활절 전 40일 동안을 사순절이라고 합니다. 이 기간은 금욕하며 경건하게 보내는데, 특히 수도원에서는 빵과 마른 채소만 먹고, 고기뿐만 아니라 물고기나 달걀까지도 먹지 않았습니다. 그러다 부활절을 알리는 종소리가 울릴 때 처음으로 오믈렛이나 반숙한 달걀을 먹었다고 합니다. 그리고 당시 달걀이 매우 귀해 서민들은 부활절 아침 식사에야 비로소 달걀 요리를 먹었던 것이 풍습이 된 것이라 합니다.

세 번째 설은 십자군 전쟁을 겪은 한 가족의 일화에서 시작했다는 것입니다. 로잔리느라는 부인은 남편이 십자군 전쟁에 참전하자 못된 사람들에게 집을 빼앗겨 먼 산골 마을로 피해 살게 됐습니다. 다행히 마을 사람들은 딱한 처지에 놓인 그들을 친절하게 대해주었고, 부인은 보답으로 매년 부활절이 되면 달걀을 예쁘게 꾸며 선물로 주었습니다. 한 해는 그 달걀에 부인의 집안 가훈인 '하나님의 사랑을 믿자'라는 문구를 적어 마을 사람들뿐 아니라 병든 어머니를 찾아간다는 어린 소년에게도 주었습니다. 어머니를 찾아 길을 가던 소년은 우연히 길에서 굶주림에 쓰러져 있는 군인을 만났고, 부인에게 받았던 달걀을 그 병사에게 주었습니다. 그 군인은 자기 집안 가훈이 달걀에 쓰여 있는 것을 보고는 소년에게 물어 가족을 다시 만날 수 있었다고 합니다. 이것이 유래가 돼 오늘날에도 부활절이면 부활 메시지가 담긴 색 달걀을 나누게 됐다는 것입니다.

마지막 설은 이교도의 풍습이 기독교화된 것이라는 주장입니다. 부활절의 영어식 표현인 이스터(Easter)가 봄의 여신인 에오스트레(Eostre)에서 온 것이며, 유럽 지역에서 달걀을 주며 이 여신을 기리던 풍습이 기독교와 만나 오늘날까지 굳어졌다는 것입니다. '부활절 토끼'도 이 여신과 관련 있다고 주장합니다. 이 주장을 펴는 사람들은 부활절 달걀을 부정적으로 보고 금해야 할 풍습이라고 주장하기도 합니다.

부활절에 달걀을 나눠먹는 행사는 교회마다 다를 수 있습니다. 저는 예수님의 부활과 달걀은 아무 상관이 없다고 봅니다. 부활과 부화는 전혀 다른 의미입니다. 그래서 달걀을 나누지 않고 작은 선물을 담아 부활의 기쁜 소식을 전합니다.

102. 오랫동안 교회를 출석하지 않는 분께 전화 심방으로 상황이 좋

아지면 다시 교회에서 뵙자고 말씀드렸더니 도리어 온라인으로 예배는 잘 드리고 있는데 교회를 왜 굳이 나가냐고 반문하십니다. 뭐라고 대답해야 할까요?

코로나 펜데믹은 우리가 처음 겪은 일입니다. 오랫동안 지속될 것이라고 생각하지 못했습니다. 우리는 어쩔 수 없이 온라인 예배를 드려야 했습니다. 그것이 옳으냐, 그르냐를 따질 때가 아니었습니다. 정부의 방침이 못마땅했어도, 교회는 사회적 책임을 다해야 했습니다.

그러나 이제 상황이 좋아졌으니 다시 현장 예배를 회복해야 합니다. 교회가 존재하는 목적은 예배, 교육, 봉사, 전도, 교제를 위함입니다. 하나님은 교회를 통해서 구원의 역사를 이루시고, 하나님의 비밀한 일을 이 땅에 이루어 가십니다. 물론 거동이 불편하신 분, 병상에 계신 분들은 온라인으로 예배 드려도 괜찮습니다. 어떤 상황에도 우리는 예배자로 살아야 하기 때문입니다.

현장 예배는 단순히 모이는 것 이상의 의미를 가지며, 성도들이 함께 모여 하나님을 예배하고 공동체를 이루는 데 필수적인 요소입니다. 따라서 가능한 한 현장 예배를 회복하고 참석하는 것이 중요합니다.

헌금

103. 아는 분이 사업을 하다가 상황이 어려워져 지금은 빚도 있습니다. 이렇게 빚진 상황에서는 수입이라고 말할 수 없으니 십일조를 안 내도 되지 않을까요?

요즘 사업하면서 힘들어 하시는 분들이 많이 있습니다. 은혜 받은 성도들이라면 물질의 축복을 많이 받아서 헌금을 많이 드리는 것이 간절한 기도 제목인데 수입이 없어 십일조를 드리지 못하는 마음이 많이 힘드실 것입니다. 십일조는 하나님께 감사의 표현이자 신앙고백입니다. 성경에서는 수입의 10%를 하나님께 바치는 것으로 가르치고 있습니다(말 3:10). 빚이 있어도 어떤 형태로든 수입이 있다면 십일조를 드리는 것이 원칙입니다. 수입이 없다면 십일조를 드릴 의무는 없지만, 상황에 맞게 하나님께 감사와 헌신을 표현하는 것이 중요합니다.

어려울수록 믿음을 잃지 않도록 주의해야 합니다. 사단이 욥을 시험하는데 하루아침에 모든 소유를 다 잃고, 열 명의 자식도 다 잃고, 건강까지 잃었으나 끝까지 믿음을 지켜 갑절이나 복을 받았습니다. 모든 것을 다 얻었어도 믿음을 잃어버리면 다 잃어버리는 것이지만, 모든 것을 다 잃었어도 믿음을 잃지 않으면 다시 다 얻을 수 있습니다.

작은 수입이 생기면 적다고 시시하게 여기지 말고 반드시 감사하는 마음으로 먼저 십일조부터 떼시고, 주를 위해 많은 헌금을 드리고 싶다고 주님께 간절히 기도하며 도우심과 지혜를 구하십시오. 중요한 것은 헌신의 마음입니다. 가능한 범위 내에서 헌신을 실천하십시오.

신명기 8장 18절에 "네 하나님 여호와를 기억하라 그가 네게 재물 얻을 능력을 주셨음이라 이같이 하심은 네 조상들에게 맹세하신 언약을 오늘과 같이 이루려 하심이니라"라고 말씀합니다. 하나님은 재물 얻을 능력을 주시는 분이십니다. 물질의 축복을 구하십시오.

복 많이 받아 선교도 하고 구제도 하고 하나님의 영광을 위해 축복의 통로로 쓰임 받으시기 바랍니다.

104. 요즘 경제 상황이 좋지 않아서 매달 십일조를 내는 것이 부담됩니다. 이렇게 힘들 때에도 십일조를 꼭 내야만 하나요?

십일조는 해도 되고 안 해도 되는 것이 아니라 꼭 해야 하는 하나님의 명령입니다. 십일조를 율법이라 하여 폐하여졌다고 하는 사람들도 있습니다. 그러나 십일조는 율법이 주어지기 전부터 있었습니다. 그리고 복음서를 보면 예수님께서도 십일조를 언급하십니다. 예수님께서 십일조에 대해 어떻게 말씀하셨습니까?

마태복음 22장 21절에 "그런즉 가이사의 것은 가이사에게, 하나님의 것은 하나님께 바치라 하시니"라고 말씀합니다. 가이사의 것은 로마에 바치는 세금이고 하나님의 것은 십일조입니다. 세금도 바치고 십일조도 바치라고 하셨습니다.

마태복음 23장 23절에는 "화 있을진저 외식하는 서기관들과 바리새인들이여 너희가 박하와 회향과 근채의 십일조는 드리되 율법의 더 중한 바 정의와 긍휼과 믿음은 버렸도다. 그러나 이것도 행하고 저것도 버리지 말아야 할지니라"라고 하셨습니다. 십일조도 행하고, 정의와 긍휼과 믿음도 버리지 말라고 하셨습니다.

구약에서의 물질 개념은 십의 일조 개념이었다면, 신약에서의 물질 개념은 초대교회를 보면 알 수 있습니다. 사도행전 4장 32절에 "믿는 무리가 한마음과 한 뜻이 되어 모든 물건을 서로 통용하고 자기 재물을 조금이라도 자기 것이라 하는 이가 하나도 없더라"라고 합니다. 자기의 것을 자기 것이라 하는 사람이 하나도 없었습니다. 그래서 나눔의 공동체가 형성되어 구원 받는 수가 날마다 더해지는 역사가 있었습니다.

십일조는 헌금의 최소 단위입니다. 성경은 하나님을 시험하지 말라고 말씀하시는데 십일조만큼은 하나님을 시험하여 보라고 하셨습니다. 그리고 복을 약속하셨습니다. 말라기 3장 10-12절에 "만군의 여호와가 이르노라 너희의 온전한 십일조를 창고에 들여 나의 집에 양식이 있게 하고 그것으로 나를 시험하여 내가 하늘 문을 열고 너희에게 복을 쌓을 곳이 없도록 붓지 아니하나 보라 만군의 여호와가 이르노라 내가 너희를 위하여 메뚜기를 금하여 너희 토지 소산을 먹어 없애지 못하게 하며 너희 밭의 포도나무 열매가 기한 전에 떨어지지 않게 하리니 너희 땅이 아름다워지므로 모든 이방인들이 너희를 복되다 하리라 만군의 여호와의 말이니라"라고 말씀합니다. 하늘의 문을 열고 복을 쌓을 곳이 없도록 부어주시겠다고 하십니다. 메뚜기를 금하여 재앙을 막아주시겠다고 하십니다. 열매가 기한 전에 떨어지지 않게 하신다고 하십니다. 모든 이방인들이 너희를 복되다고 말하게 하겠다고 하십니다.

그러므로 어려우시더라도 어려움을 돌파하려면 십일조를 해야 합니다. 그래야 물질의 고난에서 빨리 벗어날 수 있도록 하나님께서 복 주십니다.

105. 제 급여를 교회 관계자들이 아는 것이 부담스럽습니다. 십일조에 꼭 이름을 써야 하나요?

충분히 이해가 됩니다. 자신의 소득이 드러나는 부분에 신경 쓰는 분들이 많을 거라 생각합니다. 헌금은 실명으로 하셔도 무명으로 하셔도 무방합니다. 하나님은 우리의 마음을 보시기 때문에, 이름을 공개하지 않는다고 해서 십일조의 의미가 줄어들지 않습니다.

그러나 재정의 투명성을 위해 실명으로 하는 것이 바람직합니다. 실명으로 하면 기부금 납입 증명서를 발급받아 세금공제 혜택을 받을 수 있습니다. 교역자들이 성도들의 신앙 체크 기준이 되기도 하며, 직분자들을 세울 때 기준이 되기도 합니다. 그리고 십일조 액수는 교회에서 헌금을 수납하는 재정부 관계자 외에는 알 수 없습니다. 재정부에서도 개인의 보호를 위해 특정인의 십일조 액수를 공개하지 않습니다. 그래도 부담스러우시면 무명으로 하셔도 괜찮습니다. 담임 목사님이나 담당 교역자에게는 말씀드리고 무명으로 하시면 좋겠습니다.

공동체

106. 교인 중에 이 사람 저 사람에게 돈을 빌리는 분이 있다고 해요. 제때 갚기도 힘들어하는 것 같다고 하고요. 교인이라 거절하기도 힘들다고 하는데 어떻게 해야 할까요?

교회 안에 그런 일이 많이 있습니다. 가까운 사람끼리 빌려주지 않을 수도 없고 난감하지요. 교회 내에서 돈거래는 오해와 갈등을 일으킬 수 있으므로 되도록 피하는 것이 좋습니다. 돈을 빌릴 때는 급해서 빌리지만 제때에 갚지 못하면 관계에 문제가 생기게 됩니다. 좋은 방법이 있습니다. 빌려주지 마시고 그냥 주시면 됩니다. 초대 교회를 보면 자기 재물을 제 것으로 생각하는 사람이 한 사람도 없었습니다. 자기 소유를 팔아 가난한 사람과 통용했습니다. 그래서 초대교회는 가난한 사람이 없는 아름다운 공동체였습니다.

어려운 사람을 구제하라 하셨으니 큰 부담이 되지 않고 되돌려 받지 않아도 괜찮을 만큼만 주십시오. 그러면 돌려주면 좋고 안 돌려주어도 마음 상하지 않을 것입니다. 교회 안에서 돈거래나 보증을 서면 안 됩니다. 하나님께서도 보증 서지 말라고 하셨습니다. 잠언 22장 26절에 "너는 사람과 더불어 손을 잡지 말며 남의 빚에 보증을 서지 말라"라고 하십니다. 신중하고 지혜롭게 문제를 해결하십시오.

107. 교회에서 성도들에게 물건을 파는 분이 계셔서 난처해요. 어떻게 해야 할까요?

매우 민감한 문제입니다. 우리 그리스도인은 이단과 관련된 상품은 불매운동합니다. 그 물건을 사는 것은 이단의 사업을 돕는 것이기 때문입니다. 기왕이면 같은 교회 성도의 물건을 팔아주는 것이 좋습니다. 그것이 하나님의 일에 협력하는 것이기 때문입니다. 그러나 내게 필요한 물건이면 구매하면 좋겠지만 내게 필요하지 않은 물건은 거절할 수 있어야 합니다. 거절할 때는 부드러운 억양과 미소로 상대가 상처받지 않도록 거절의 의사를 표현해야 합니다. 교회에 성도 간 상거래에 대한 규정이 있는지 확인하세요. 일부 교회는 이를 금지하거나 지침을 가지고 있습니다. 필요한 경우, 교회 리더십과 상담하여 상황을 설명하고 조언을 구하십시오. 무엇보다도 관계가 중요합니다. 관계에 문제가 생기지 않도록 지혜롭게 처신하시면 좋겠습니다.

108. 믿음이 좋던 친구가 있었는데 올해 초에 이단에 빠졌습니다. 이단을 끊고 나오게 하기 위해 이야기도 많이 해보고 기도도 해줬지만 오히려 저를 이단 집회에 나오도록 권하는 상황이에요. 어떻게 도와야 할까요?

주님 오실 날이 가까울수록 이단들은 더 극성을 부릴 것입니다. 인터넷으로 검색하면 이단으로 인한 피해 사례들이 많이 있습니다. 그것을 모아 전해 주는 것도 한 방법입니다. 그러나 무엇보다 중요한 것은 하나님께 건져 주시기를 기도하셔야 합니다. 디모데전서 4장 1절을 보면 성령이 말씀하시기를 "사람들이 믿음에서 떠나 미혹하는 영과 귀신의 가르침을 따르리라"라고 하셨습니다. 요한계시록 20장 10절에서는 "미혹하는 마귀가 불과 유황 못에 던져지니"라고 마귀를 미혹하는 존재라고 하셨습니다.

이단에 빠진 사람들은 미혹의 영에 사로잡힌 것입니다. 그래서 참된 진리를 구별하지 못합니다. 하나님의 말씀을 소개해 주어도 빠져 나오지 못합니다. 영적으로 싸워야 합니다. 하나님이 건져 주시기를 기도하는 것이 무엇보다도 중요합니다. 혼자 해결하려 하지 마시고 목사님과 상담하시고, 목사님의 도움을 받으면 좋겠고요. 목사님을 통해 이단 상담소를 소개받아 도움을 청하면 좋겠습니다. 이단에서 벗어나는 과정은 시간이 걸릴 수 있습니다. 무엇보다 중요한 것은 포기하지 않고 사랑과 기도로 친구를 돕는 것입니다.

109. 제 친구는 어려서부터 믿음 생활을 잘했는데 지금은 교회를 멀리하고 있어요. 하나님께 드린 기도가 응답이 된 게 하나도 없기 때문이라고 해요. 키가 작아서 반 애들한테 무시당해 키 크게 해 달라고 기도했는데 크지 않았고, 원하는 대학에도 못 갔다고 하고요. 장래 희망을 두고 기도해도 안 되었대요. 이젠 하나님을 떠나니 오히려 편하다고 합니다. 어떻게 조언해야 할까요?

하나님은 분명히 우리의 기도를 들으시는 분이십니다. 그리고 기도에는 반드시 응답이 있습니다. 즉각적으로 응답하실 때도 있지만 거절하시는 것도 응답입니다. 대부분의 경우 하나님의 때를 기다려야 응답이 옵니다. 솔로몬이 기도한 것처럼 구한 것보다 더 넘치게 주시는 경우도 있습니다. 구하여도 얻지 못하는 기도가 있습니다.

의심하면서 하는 기도, 정욕으로 쓰려고 잘못 구하는 기도입니다.

그리고 기도만 한다고 다 이루어지지 않습니다. 내가 해야 할 일은 힘써야 합니다. 키 크기 위해 음식도 잘 먹고, 키 크는 운동도 해야 하고, 원하는 대학 들어가기 위해서 열심히 공부해야 하고, 장래 희망을 이루기 위해 노력하고 준비해야 합니다. 그리고 힘썼는데도 원하는 대로 되지 않았다면 하나님의 다른 계획이 있는 것입니다.

기도 응답을 잘 받을 수 있는 비결은 내 소원, 내 계획, 내 방법, 내 경험, 내 지식 다 주님 앞에 내려놓고 주님의 뜻이, 주님의 계획이, 주님의 소원이 나를 통해 이루어지기를 구하는 것입니다. 마태복음 8장 1절 이하를 보면 한 나병환자가 예수님께 나아와 절하며 간청합니다. '주여 원하시면 저를 깨끗하게 하실 수 있나이다.' 그때 예수님께서 손을 내밀어 대시며 말씀하십니다. '내가 원하노니 깨끗함을 받으라.' 그 즉시 그의 나병이 깨끗하여집니다.

'내가 원합니다. 저를 깨끗하게 해주소서'라고 기도하지 않았습니다. 자기중심적인 기도를 하지 않았습니다. '주여 원하시면' 주님 중심적인 기도였습니다. 주님이 무엇을 원하시는지, 무엇을 기뻐하시는지, 무엇을 계획하시는지를 분별하고 그 뜻이 나를 통해 이루어지기를 위해 기도한다면 백 퍼센트 응답입니다. 하나님께서 영광 받으시기 위해 축복하실 것입니다. 친구에게 진심 어린 관심과 사랑으로 접근하고, 하나님이 그를 사랑하시고 여전히 함께하신다는 것을 알려 주십시오.

110. 영성이 강한 사람이 옆에 있으면 해롭다는 말을 들었는데 정말 그런가요?

영성은 예수님을 닮아 가는 것입니다. 영성이 훌륭하신 분들은 예수님으로 충만하고, 성령으로 충만합니다. 영성이 강한 분들 옆에 있으면 선한 영향력을 받을지언정 결코 해를 받는 일은 없습니다. 영성이 강한 사람은 어떤 상황 속에서도 감사합니다. 우리는 하나님이 하시는 일을 다 헤아려 알 수 없습니다.

'그렇게 열심히 헌신하고 충성하고 봉사했는데 어떻게 젊은 나이에 암 말기 판정을 받게 하시느냐'와 같은 경우도 있겠지만 분명한 것은 하나님은 좋으신 분이고, 합력해서 선을 이루시는 분이라는 사실입니다. 우리는 무조건 사건들을 좋게 해석하고, 좋게 하실 하나님을 기대하면서 범사에 감사해야 합니다.

베드로가 설교했을 때 삼천 명이 회심하는 역사가 있었지만, 스데반이 설교했을 때는 돌에 맞아 순교하는 일도 있었습니다. 그렇다면 베드로는 능력이 있어서 회심이 있었고, 스데반은 능력이 없어서 죽은 것입니까? 아닙니다. 스데반은 사람이 감당하지 못할 정도로 성령이 충만한 사람이었습니다. 진정한 복이 무엇인가를 생각해 보아야 합니다. 이 땅에서 근심과 걱정 속에 살아가는 것이 인생입니다. 이 땅에서 장수하는 것도 복이지만 빨리 천국 가는 것도 복이라고 생각한다면 때론 이해되지 않는 상황 속에서도 범사에 감사할 수 있습니다.

선교

111. 해외 선교만 강조하는 목사님을 이해하지 못하겠어요. 제가 틀린 건가요?

국내 선교, 해외 선교 다 중요합니다. 예수님께서 승천하시면서 마지막으로 당부하신 지상명령이 있습니다. 마태복음 28장 19절 "그러므로 너희는 가서 모든 민족을 제자로 삼아 아버지와 아들과 성령의 이름으로 세례를 베풀고"라는 말씀처럼 선교 대상은 모든 족속입니다.

사도행전 1장 8절에는 "오직 성령이 너희에게 임하시면 너희가 권능을 받고 예루살렘과 온 유대와 사마리아와 땅 끝까지 이르러 내 증인이 되리라 하시니라"라고 하십니다. 우리 사명은 예루살렘(국내)만이 아닙니다. 땅 끝까지 증인의 사명을 감당해야 합니다.

한 사람 한 사람에게 주신 은사가 다양한 것처럼 교회마다 하나님께서 목회자에게 주신 비전이 다양합니다. 국내 선교에 힘쓰시는 분, 작은 교회 살리기를 힘쓰시는 분, 해외 선교에 힘쓰는 분들도 있습니다.

초대교회를 보면 성령의 역사로 예루살렘 교회가 성장합니다. 그런데 문제가 생깁니다. 예루살렘 교회의 성도들은 흩어지려고 하지 않았습니다. 하나님께서 큰 핍박을 통해 흩어지게 만드시고 사도행전 8장을 보면 흩어진 사람들이 가는 곳마다 복음을 증거합니다. 빌립을 통해 사마리아 성에 큰 기쁨이 임하게 되고, 땅 끝까지 복음이 확장되는 일들이 이루어지게 되었습니다.

국내 선교도 좋지만 국내만 하다 보면 하나님께서 흩어 버리십니다. 국내 선교도 힘써야 하고 해외 선교도 힘써야 합니다. 교회 목사님이 해외의 선교에 집중하신다면 하나님께서 주신 특별한 소명입니다. 아멘하고 순종하셔서 '하나님의 비전을 이루는 데 쓰임 받게 해주세요' 기도하면 하나님의 축복이 임하게 될 것입니다.

112. 해마다 교회에서 단기 선교를 갑니다. 그런데 돈은 많이 드는 데 비해서 현장에서 일하는 시간은 극히 제한적이고 선교지에 오히려 폐를 끼치는 것 같아요. 선교라는 이름의 여행이 아닐까 하는 생각도 드는데 단기 선교는 꼭 가야 할까요?

단기선교는 반드시 가야 합니다. 1년에서 3년 정도 가는 선교사님을 단기 선교사라 하며 한 주, 두 주, 한 달 정도 가는 것은 선교 여행이라 표현합니다. 한 번 갈 때마다 10명, 20명, 100명 이상 가기 때문에 여행 비용이 만만치 않습니다. 많은 비용이 들어가는데도 불구하고 열매가 얼마나 있는가에 대한 생각으로 단기 선교를 반대하시는 분들도 있을 것입니다. 선교는 여행이라 생각하면 좋을 것 같습니다. 처음부터 선교지에 가서 무언가를 많이 하려고 하고, 무슨 열매를 보려고 하면, 결국 선교지에서 요구하는 것과 선교사님들이 바라는 것과 다를 수 있습니다. 그러면 오히려 선교지에 도움을 주는 것이 아닌 해를 끼치는 경우도 생기게 됩니다.

선교 여행에 앞서 충분한 사전 준비와 교육이 필요합니다. 선교지 현지 교회나 단체와의 협력이 중요합니다. 선교지의 필요와 요구를 충분히 이해하고 반영하는 선교 활동을 진행하는 것이 중요합니다. 그러면 필요를 채워주는 선교 여행이 될 것입니다. 무엇보다 성령님이 역사해 주시기를 기도해야 합니다. 준비한 만큼, 기도한 만큼, 큰 역사와 큰 은혜를 체험하는 시간이 될 것입니다.

04

사회 생활

113. 신년 운세라든지 오늘의 운세처럼 신문이나 인터넷에 가벼운 운세 코너가 많이 있습니다. 그냥 재미로 보는데 기독교인들은 그런 것을 보면 안 되나요?

성경은 점이나 운세를 보는 행위를 명확히 금지하고 있습니다. 레위기 19장 26절에 "너희는 무엇이든지 피채 먹지 말며 점을 치지 말며 술법을 행하지 말며", 신명기 18장 10-12절에 "그의 아들이나 딸을 불 가운데로 지나게 하는 자나 점쟁이나 길흉을 말하는 자나 요술하는 자나 무당이나 진언자나 신접자나 박수나 초혼자를 너희 가운데에 용납하지 말라 이런 일을 행하는 모든 자를 여호와께서 가증히 여기시나니 이런 가증한 일로 말미암아 네 하나님 여호와께서 그들을 네 앞에서 쫓아내시느니라"라고 했습니다.

하나님은 점쟁이, 요술하는 자, 무당, 진언자, 신접자, 박수, 초혼자들을 가증히 여기십니다. 신명기 22장 18절에 "너는 무당을 살려두지 말라"라고 했습니다. 처음에는 재미 삼아 보지만 자꾸 보다 보면 영향을 받게 되어있습니다. 그래서 데살로니가전서 5장 22절에서는 "악은 어떤 모양이라도 버리라"라고 했습니다. 절대 보지 마십시오. 운세나 점은 하나님의 주권을 의심하게 만들 수 있으며, 이는 신앙의 순수성을 해칠 수 있습니다. 운세나 점은 종종 우상숭배와 연관될 수 있습니다. 하나님만을 신뢰하고 의지해야 할 우리의 믿음을 흐리게 할 수 있습니다. 대신 성경을 묵상하고 기도를 통해 하나님의 뜻을 구하는 것이 바람직합니다.

114. 갈비와 등심 같은 고기 종류를 파는 음식점을 하고 있습니다. 저녁 때가 되면 손님들이 술을 찾는데 술을 파는 것이 기독교인으로서 마음에 걸립니다. 어떻게 해야 할까요?

신앙인들은 삶의 판단 기준이 말씀이어야 합니다. 말씀을 근거로 해서 주님이 싫어하시면 우리도 싫어하고, 주님이 좋아하시면 우리도 좋아해야 합니다. 그것이 신앙입니다. 고린도전서 10장 23-24절에 "모든 것이 가하나 모든 것이 유익한 것은 아니요 모든 것이 가하나 모든 것이 덕을 세우는 것은 아니니 누구든지 자기의 유익을 구하지 말고 남의 유익을 구하라"라고 하였습니다. 구원받은 기독교인은 무엇을 먹어도 되고, 무엇을 해도 됩니다. 모든 것이 가합니다. 내가 이미 받은 구원과는 상관이 없습니다. 그러나 모든 것이 덕이 되는 것은 아닙니다.

기독교인들은 자신의 유익이 아닌 남의 유익을 구하는 사람이 되어야 합니다. 다른 사람에게 유익이 되지 않는 것이라면 팔지 않아야 합니다. 술, 담배, 마약 등 모두 다른 사람에게 해를 끼치는 것입니다. 비록 수입이 줄어든다 할지라도 우리는 이 세대를 본받지 않고 하나님의 선하시고 기뻐하시고 온전하신 뜻이 무엇인지 분별하며 살아야 합니다. 얼마나 많이 벌었느냐가 중요한 것이 아니라 어떻게 벌었느냐가 더 중요합니다. 하나님께 기도하며 지혜와 인도를 구하십시오. 하나님께서 여러분의 마음과 상황에 맞는 해결책을 주실 것입니다.

115. 상갓집을 갔을 때 음식을 대접받거나 아는 집에서 제사 음식을 대접받는 경우가 있는데 별생각 없이 먹게 되는 경우가 많아요. 기독교인이 그런 음식을 먹어도 되는 건가요?

고린도 교회는 우상 숭배가 성행했던 교회였습니다. 우상에게 바쳐진 제사 음식이 시장에서 판매되었고 고린도 교회에서는 제사 음식을 놓고 심각한 논쟁을 벌였습니다. 제사 음식을 먹어야 하는가에 대한 갈등이 있었던 고린도 교회에 바울은 서신을 보냅니다.

고린도전서 10장 25절에 "무릇 시장에서 파는 것은 양심을 위하여 묻지 말고 먹으라", 고린도전서 10장 27절에 "비신자 중 누가 너희를 청할 때 너희가 가고자 하거든 너희 앞에 차려 놓은 것은 무엇이든지 양심을 위하여 묻지 말고 먹으라", 고린도전서 10장 30절에 "만일 내가 감사함으로 참여하면 어찌하여 내가 감사하는 것에 대하여 비방을 받으리요"라고 말씀합니다. 바울 사도는 무릇 시장에서 파는 것은 양심을 위하여 묻지 말고 먹으라고 합니다. 비신자들이 초청해서 음식을 내어 놓으면 제사 음식인지 무엇인지 물어보지 말고 먹으라고 합니다. 감사함으로 먹으라고 합니다.

그러나 다른 형제의 신앙에 상처를 주는 일이라면 절제해야 합니다. 고린도전서 8장 13절에 "그러므로 만일 음식이 내 형제로 실족하게 한다면 나는 영원히 고기를 먹지 아니하여 내 형제를 실족하지 않게 하리라", 고린도전서 10장 31절에 "먹든지 마시든지 무엇을 하든지 하나님의 영광을 위해서 하라"라고 말씀합니다. 하나님의 영광에 초점을 맞추어 생활하면 좋겠습니다.

116. 제 취향과 체질에 맞는 운동을 찾다가 요가를 시작했는데 아는 분이 기독교인은 요가를 하면 안 된다고 합니다. 수행이 아니라 그냥 운동으로 하는 건데도 안 되는 걸까요?

요즘 '요가'는 단순히 유행처럼 지나가는 바람이 아닌 것으로 보입니다. 요가가 비만 해소와 다이어트에 효과적이며 몸을 유연하게 하고 정서를 안정시키는 데 효과적이라는 소문이 돌면서 많은 사람들이 관심을 갖게 되었습니다. 현재 한국 요가 인구는 약 100만 명에 달할 것으로 추정하고 있고 계속해서 늘어가는 추세입니다. 백화점 문화센터에서 요가는 가장 인기 있는 강좌 중 하나이고, 초등학교 방과후 학습 시간에 요가를 가르치는 곳도 늘어가고 있습니다. 심지어는 교회에서 요가를 가르치기도 합니다.

그런데 과연 '요가' 는 단순한 심신수련의 한 방법일까요? 기독교인이 이것을 받아들여도 무관할까요? 교회는 이것을 너그럽게 허용해도 별지장이 없을까요? 요가는 고대로부터 전해 내려오는 인도의 심신 수련법입니다. 즉 요가는 몸으로 하는 '힌두교식 기도, 명상' 입니다. 불교와 힌두교의 수행과 밀접한 관련이 있습니다. 그러니까 다이어트나 명상과 함께 붙어 다니는 요가는 단순한 건강 단련을 위한 수단이 아니라 종교적인 의식의 하나인 것입니다.

그러므로 요가를 하면 자기도 모르게 이방 종교 의식을 행하는 것입니다. 그러면 요가를 지속적으로 하면 어떤 결과가 빚어질까요? 요가를 지속적으로 하면 우리의 몸과 마음, 생각은 자연스럽게 불교, 힌두교 등의 이방 종교의 나쁜 영향에 노출될 수밖에 없습니다. 별생각 없이 한 요가가 흑암의 세력과 나쁜 영들에 노출되는 통로가 될 수 있으며, 심지어는 이방 신들과 접촉하는 결과까지 유발할 수 있는 것입니다. 그러므로 교회 안에서, 기독교인의 삶에서 요가를 허용하는 것은 매우 위험합니다.

요가를 통해 얻어지는 차분함은 결코 하나님이 주시는 평강이 아닙니다. 사단은 자주 광명의 천사로 가장합니다. 교회는 세상 문화를 말씀으로 검증해 보지 않고 쉽게 받아들이면 안 됩니다. 사단은 문화라는 것을 통해 사람들의 삶을 파괴시키기 때문입니다.

요한삼서 1장 11절에 "…악한 것을 본받지 말고 선한 것을 본받으라…"고 했고, 데살로니가전서 5장 22절에 "악은 어떤 모양이라도 버리라"라고 했습니다. 웰빙의 열풍을 타고 이방 종교들이 문화라는 탈을 쓰고 우리 삶에 너무나 자연스럽게 파고들고 있는데 이런 때일수록 우리는 이 세대를 본받지 말고 하나님의 선하시고 온전하신 뜻이 무엇인지 분별하며 살아야 합니다.

117. **제가 다니는 회사는 업계 특성상 주일날 정상근무를 합니다. 대신 수요 예배와 금요 철야를 빠지지 않고 있는데 목사님께서 주일 성수를 할 수 있도록 회사를 옮기라고 하십니다. 정말 입사하고 싶었던 회사였기 때문에 마음을 접기가 힘든데 어떻게 해야 할까요?**

선택이 중요합니다. 룻의 선택은 예수님 족보에 오르는 복을 얻습니다. 삼손의 들릴라 선택은 파멸을 초래합니다. 눈에 보이는 것이 커 보일 수 있습니다. 속으면 안 됩니다. 세상 모든 것을 다 얻었어도 주님을 잃으면 다 잃는 것입니다. 욥은 모든 것 다 잃었으나 끝까지 믿음을 붙들어 승리했습니다.

잘 다니시는 회사를 다른 곳으로 옮긴다는 것 쉽지 않습니다. 더구나 본인이 들어가고 싶어 했던 회사라면 더 힘들 것이라 생각합니다. 대신 다른 예배는 빠지지 않고 드리고 있다니 잘하고 계십니다. 그러나 주일 성수는 반드시 해야 합니다. 십계명 중 4계명이 안식일을 기억하여 거룩히 지키라 하셨고, 신약에 와서는 안식일의 주인은 주님이라 말씀하십니다. 안식일의 주인이신 예수님이 부활하신 후 주님의 제자들과 초대교회 성도들은 자연스럽게 안식 후 첫날 모여서 예배를 드리고 이날을 '주의 날'이라고 칭하였습니다(계 1:10). 주의 날은 거룩히 구별되어야 합니다.

다니엘이 바벨론에 포로로 잡혀가 궁중에서 교육을 받게 되었을 때 왕이 주는 진미를 먹지 않겠다고 뜻을 세워 하나님의 은혜를 입었던 것처럼 뜻을 세우시면 하나님께서 도와주십니다. 뜻을 세우시고 마음껏 주일 성수할 수 있는 직장을 달라 기도하시면 하나님께서 도와주시고 인도해 주실 것입니다.

118. 사회생활을 하면 회식 자리를 가게 되는데요. 분위기상 맥주 한 두 잔 정도 하는 것은 어떤가요? 취하지 않을 정도로만 마시면 괜찮지 않을까요?

사회생활을 하다 보면 술자리에서 술 한 잔 받아 마시게 되는 상황이 많이 있습니다. 거부하자니 분위기 깨는 것 같고, 받아 마시자니 마음이 불편해지는 경험들을 하셨을 것입니다. 기독교인으로 그런 상황이 왔을 때 어떻게 해야 할까요? 항상 우리의 판단 기준은 하나님의 말씀이어야 합니다. 하나님의 말씀이 먹지 말라 하시면 먹지 말아야 합니다.

레위기 10장 9절에 "너와 네 자손들이 회막에 들어갈 때에는 포도주나 독주를 마시지 말라 그리하여 너희 죽음을 면하라"라고 했습니다. 포도주나 독주를 마시면 죽게 된다는 말씀입니다. 사사기 13장 7절에는 "그가 내게 이르기를 보라 네가 임신하여 아들을 낳으리니 이제 포도주와 독주를 마시지 말며 어떤 부정한 것도 먹지 말라…"라고 합니다. 물론 위 말씀들은 제사장들과 나실인에게 하신 말씀입니다. 그런데 우리 믿는 사람들은 모두 만인 제사장이 되었습니다. 구별된 삶을 살아야 하는 영적 나실인이 되었습니다.

성경에 보면 술에 대한 경고의 말씀들이 많이 나옵니다. 술은 우리를 가난하게 만들고 판단력을 흐리게 만들고 정욕이 불일 듯 일어나게 만듭니다. 맥주 한두 잔도 마시면 안 됩니다. 잠언 23장 31-32절에 "포도주는 붉고 잔에서 번쩍이며 순하게 내려가나니 너는 그것을 보지도 말지어다. 그것이 마침내 뱀같이 물 것이요 독사같이 쏠 것이며"라는 말씀으로 술을 쳐다보지도 말라고 하셨습니다. 그것이 마침내 뱀같이 물고, 독사같이 쏠 것이라고 합니다.

그런데 디모데전서 5장 23절에 "이제부터는 물만 마시지 말고 네 위장과 자주 나는 병을 위하여는 포도주를 조금씩 쓰라"라는 말씀이 있습니다. 디모데의 병이 어떤 종류의 질병인지 명확하게 알 수 없습니다. 단지 사도 바울이 포도주를 쓰라고 권면한 사실로부터 디모데의 "자주 나는 병"은 대체로 포도주를 약으로 쓰면 효과를 얻을 수 있는 질병들이었을 것입니다. 예수님이 행하신 첫 번째 표적이 무엇이었습니까? 가나 혼인잔치에서 물로 포도주를 만드신 사건입니다. 예수님이 베푼 기적으로 망칠 뻔했던 신랑과 신부의 결혼식이 기쁨으로 마무리되었습니다.

그러면 적당히 술을 마셔도 된다는 것입니까? 우리는 성경 전체를 통전적인 시각으로 바라보며 생각해야 합니다. 필요한 말씀만 갖다 쓰며 핑계하면 안 됩니다. 물론 술은 구원과는 상관없습니다. 그러나 노아는 술로 큰 낭패를 당합니다. 롯도 마찬가지입니다. 구약은 술을 즐기는 사람과는 더불어 사귀지 말라고 하고, 신약은 교회 일꾼으로 세우지 말라고 합니다. 전체적인 흐름 속에서 술은 좋지 않으므로 먹지 않아야 합니다.

주님 승천 후 있었던 일입니다. 갑자기 이상한 행동을 하는 제자들을 보고 '새 술'에 취했다고 사람들이 조롱합니다. 그들이 취한 술은 마실수록 가슴이 허한 술이 아니라 가슴이 차고 넘치는 술이었습니다. 사람을 변질시키는 술이 아니라, 사람을 변화시키는 술이었습니다. 그 술은 성령입니다. 그래서 에베소서 5장 18절에 "술 취하지 말라 이는 방탕한 것이니 오직 성령의 충만을 받으라"라고 했습니다. 기독교인으로서 자신의 행동이 타인에게 어떤 영향을 미칠지 고려하십시오. 술을 마시는 모습이 타인에게 잘못된 메시지를 줄 수 있습니다.

119. 저는 교회 다니는 사람만 사귀고, 교회 다니는 사람이 하는 가게만 가는 등 교회 안에서 무슨 일이든 해결하려고 하는 경향이 있습니다. 이것이 옳은 것일까요?

교회 중심적인 삶, 예수 믿는 사람들과의 교제, 믿는 사람들의 사업장에서 물건들을 사는 것 다 바람직하다고 생각합니다. 그러나 한 가지 필요한 것은 예수님께서 "너희는 세상의 빛이고 세상의 소금이라"(마 5:13-14) 하셨고, "너희는 가서 모든 민족을 제자로 삼아 아버지와 아들과 성령의 이름으로 세례를 베풀고 내가 너희에게 분부한 모든 것을 가르쳐 지키게 하라"(마 28:19-20) 말씀하셨고, "오직 성령이 너희에게 임하시면 너희가 권능을 받고 예루살렘과 온 유대와 사마리아와 땅 끝까지 이르러 내 증인이 되리라"(행 1:8) 하셨습니다.

하나님께서는 우리로 하여금 우리끼리만 어울리기를 원하지 않습니다. 우리가 증인이 되어서 땅 끝까지 수많은 사람들에게 복음을 증거하여 영혼 구원하기를 원하십니다. 그러므로 교제의 폭을 넓혀야 합니다.

초대 교회는 처음 예루살렘 중심으로 뭉쳐만 있었습니다. 그래서 하나님께서 환난과 핍박을 통해 흩어지게 하셨고, 가는 곳마다 복음이 증거되어 교회가 세워지고 세계 선교가 시작되게 하셨습니다. 그런데 조심해야 할 것은 악한 원수 마귀는 세상 것을 통해 우리를 유혹합니다. 믿지 않는 사람과 가까이 하여 그 사람의 영혼을 구원하려다가 내가 실족할 수도 있습니다. 그래서 "너희는 이 세대를 본받지 말고…"(롬 12:2), "세상과 벗된 것이 하나님과 원수 됨을 알지 못하느냐"(약 4:4)라고 하셨습니다. 세상과 너무 가까워지고 세상 것을 좋아하면 하나님과 원수가 될 수 있습니다. 세상을 변화시키는 사람으로 악한 원수 마귀의 유혹을 피해 세속화되는 것은 거부하시고, 세상을 변화시키는 사람으로 살아야 합니다.

120. 한국 교회의 신뢰도가 땅바닥에 떨어져 있습니다. 교회의 대 사회적 이미지 회복을 위해 어떠한 노력들이 필요하다고 보십니까?

예수님은 산상설교에서 우리를 "세상의 소금, 세상의 빛"(마 5:12-16)이라고 하셨습니다. 세상 밖의 소금, 세상 밖의 빛이 아닙니다. 빛과 소금이 필요한 곳은 바로 세상이라는 것입니다. 그런데 빛의 사명을 감당하지 못하고, 소금의 사명을 감당하지 못하고 있는 상황입니다. 소금이 맛을 잃어 사람들에게 밟히고 있는 상황입니다.

교회가 변해야 합니다. 성도가 변해야 합니다. 초대 교회를 보면 성도들이 사도의 가르침을 받아 서로 교제하고 떡을 떼며 기도하기를 힘씁니다. 모든 물건을 서로 통용합니다. 재산과 소유를 팔아 각 사람의 필요를 따라 나눠 줍니다. 온 백성에게 칭송을 받습니다. 그 결과 날마다 구원받는 사람이 더해지게 됩니다.

성경은 역설적입니다. 죽어야 살고, 버려야 얻고, 비워야 채워지고, 낮아져야 높아지고, 섬겨야 큰 자가 된다고 합니다. 그런데 우리는 죽으려 하지 않고 살려고만 합니다. 손해 보지 않고 이득을 챙기려고만 합니다. 비우지 않고 채우려고만 합니다. 섬기려 하지 않고 섬김을 받으려고만 합니다. 그래서 신뢰는 땅바닥에 떨어지게 되었고, 손가락질과 조롱의 대상이 되었습니다.

마태복음 5장 16절에 "너희 착한 행실을 보고 하늘에 계신 너희 아버지께 영광을 돌리게 하라"라고 하셨습니다. 지역사회 속에서 나눔과 섬김이 실천될 때 교회의 공공성이 회복되고, 신뢰도도 회복될 것입니다. 우리 성도들 한 사람 한 사람이 작은 촛불이 되어 큰불을 일으켰으면 좋겠습니다.

성경 속에
답이 있다

1판 1쇄 인쇄 _ 2024년 8월 30일
1판 1쇄 발행 _ 2024년 9월 5일

지은이 _ 이정기
펴낸이 _ 이형규
펴낸곳 _ 쿰란출판사

주소 _ 서울특별시 종로구 이화장길 6
편집부 _ 745-1007, 745-1301~2, 747-1212, 743-1300
영업부 _ 747-1004, FAX 745-8490
본사평생전화번호 _ 0502-756-1004
홈페이지 _ http://www.qumran.co.kr
E-mail _ qrbooks@daum.net / qrbooks@gmail.com
한글인터넷주소 _ 쿰란, 쿰란출판사
페이스북 _ www.facebook.com/qumranpeople
인스타그램 _ www.instagram.com/qrbooks
등록 _ 제1-670호(1988.2.27)
책임교열 _ 강찬휘·오완

 ISBN 979-11-6143-987-7 93230